AVALIAÇÃO DA APRENDIZAGEM

Revisão técnica:

Marcia Paul Waquil
Assistente Social
Mestre em Educação
Doutora em Educação

K79a Santos, Pricila Kohls dos
       Avaliação de aprendizagem / Pricila Kohls dos Santos e
    Joelma Guimarães ; revisão técnica: Marcia Paul Waquil. –
    Porto Alegre : SAGAH, 2023.

       ISBN 978-65-5690-363-7

       1. Educação – Avaliação – Aprendizagem. I. Guimarães,
    Joelma. II. Título.
                                                    CDU 37.04

Catalogação na publicação: Mônica Ballejo Canto – CRB 10/1023

AVALIAÇÃO DA APRENDIZAGEM

Pricila Kohls dos Santos
Graduada em Pedagogia Multimeios e Informática Educativa
Mestra em Educação
Doutora em Educação

Joelma Guimarães
Mestra em Educação

Porto Alegre,
2023

© Grupo A Educação S.A., 2023

Gerente editorial: *Arysinha Affonso*

Colaboraram nesta edição:
Editora responsável: *Dieimi Deitos*
Preparação de original: *Nádia da Luz Lopes*
Capa: *Paola Manica | Brand&Book*
Editoração: *Ledur Serviços Editoriais Ltda*

Importante

Os *links* para *sites* da *web* fornecidos neste livro foram todos testados, e seu funcionamento foi comprovado no momento da publicação do material. No entanto, a rede é extremamente dinâmica; suas páginas estão constantemente mudando de local e conteúdo. Assim, os editores declaram não ter qualquer responsabilidade sobre qualidade, precisão ou integralidade das informações referidas em tais *links*.

Reservados todos os direitos de publicação ao GRUPO A EDUCAÇÃO S.A.
(Sagah é um selo editorial do GRUPO A EDUCAÇÃO S.A.)

Rua Ernesto Alves, 150 – Floresta
90220-190 Porto Alegre RS
Fone: (51) 3027-7000

SAC 0800 703-3444 – www.grupoa.com.br

É proibida a duplicação ou reprodução deste volume, no todo ou em parte, sob quaisquer formas ou por quaisquer meios (eletrônico, mecânico, gravação, fotocópia, distribuição na Web e outros), sem permissão expressa da Editora.

IMPRESSO NO BRASIL
PRINTED IN BRAZIL

APRESENTAÇÃO

A recente evolução das tecnologias digitais e a consolidação da internet modificaram tanto as relações na sociedade quanto as noções de espaço e tempo. Se antes levávamos dias ou até semanas para saber de acontecimentos e eventos distantes, hoje temos a informação de maneira quase instantânea. Essa realidade possibilita a ampliação do conhecimento. No entanto, é necessário pensar cada vez mais em formas de aproximar os estudantes de conteúdos relevantes e de qualidade. Assim, para atender às necessidades tanto dos alunos de graduação quanto das instituições de ensino, desenvolvemos livros que buscam essa aproximação por meio de uma linguagem dialógica e de uma abordagem didática e funcional, e que apresentam os principais conceitos dos temas propostos em cada capítulo de maneira simples e concisa.

Nestes livros, foram desenvolvidas seções de discussão para reflexão, de maneira a complementar o aprendizado do aluno, além de exemplos e dicas que facilitam o entendimento sobre o tema a ser estudado.

Ao iniciar um capítulo, você, leitor, será apresentado aos objetivos de aprendizagem e às habilidades a serem desenvolvidas no capítulo, seguidos da introdução e dos conceitos básicos para que você possa dar continuidade à leitura.

Ao longo do livro, você vai encontrar hipertextos que lhe auxiliarão no processo de compreensão do tema. Esses hipertextos estão classificados como:

Saiba mais

Traz dicas e informações extras sobre o assunto tratado na seção.

Fique atento

Alerta sobre alguma informação não explicitada no texto ou acrescenta dados sobre determinado assunto.

Exemplo

Mostra um exemplo sobre o tema estudado, para que você possa compreendê-lo de maneira mais eficaz.

Link

Indica, por meio de *links* e códigos QR*, informações complementares que você encontra na *web*.

https://sagah.maisaedu.com.br/

Todas essas facilidades vão contribuir para um ambiente de aprendizagem dinâmico e produtivo, conectando alunos e professores no processo do conhecimento.

Bons estudos!

---

* Atenção: para que seu celular leia os códigos, ele precisa estar equipado com câmera e com um aplicativo de leitura de códigos QR. Existem inúmeros aplicativos gratuitos para esse fim, disponíveis na Google Play, na App Store e em outras lojas de aplicativos. Certifique-se de que o seu celular atende a essas especificações antes de utilizar os códigos.

SUMÁRIO

Unidade 1

Introdução aos sistemas brasileiros de avaliação 11
Joelma Guimarães
    Os sistemas de avaliação da educação brasileira 12
    Principais programas do sistema de avaliação 13

Aspectos históricos dos processos avaliativos da aprendizagem 23
Joelma Guimarães
    A avaliação e seus aspectos históricos 24
    Principais conceitos sobre a Avaliação da Aprendizagem 26
    A avaliação de ontem e de hoje: um estudo sobre suas metodologias 29

O repensar na avaliação frente aos processos de ensino-aprendizagem em um contexto de constantes transformações 35
Joelma Guimarães
    A avaliação escolar de ontem e de hoje 36
    Avaliação escolar: um desafio constante no processo
       de ensino-aprendizagem 38
    O processo evolutivo da avaliação escolar 40

Para que servem os resultados das avaliações e como fornecer *feedbacks* aos alunos 47
Joelma Guimarães
    Os resultados das avaliações e os *feedbacks* aos alunos 47
    Os resultados das avaliações e seus *feedbacks* 49
    As diferentes formas de avaliações e seus *feedbacks* 51

Unidade 2

Introdução às modalidades de avaliação: diagnóstica, formativa e somativa 59
Joelma Guimarães
    Modalidades de avaliações 59
    A coleta de evidências em um processo avaliativo 63
    Modalidades de avaliações na prática 64

Avaliação diagnóstica 69
Joelma Guimarães
   A importância da avaliação diagnóstica...69
   Instrumentos utilizados em uma avaliação diagnóstica.............................71
   Dificuldades na prática de uma avaliação diagnóstica...............................73

Avaliação formativa 77
Joelma Guimarães
   A importância da avaliação formativa para professores e alunos...........77
   Instrumentos utilizados em uma avaliação formativa.................................79
   Possibilidades e dificuldades de uma avaliação formativa........................81

Avaliação somativa 87
Joelma Guimarães
   Principais características da avaliação somativa...87
   A importância da avaliação somativa no processo de ensino-aprendizagem...89
   Preparação dos alunos para a realização das Avaliações Somativas......91

Unidade 3

Principais instrumentos de desenvolvimento
e aprendizagem 99
Pricila Kohls dos Santos
   Objetividade e subjetividade do processo de avaliação da aprendizagem......100
   Diferentes instrumentos de avaliação da aprendizagem.........................102
   Instrumentos para cada um dos momentos avaliativos............................105

Os sistemas de avaliação da educação básica:
Saeb, Encceja e Provinha Brasil.. 111
Pricila Kohls dos Santos
   Saeb..111
   Encceja..114
   Provinha Brasil..116

Os sistemas de avaliação da educação básica:
Ideb, Enem, Censo Escolar 121
Pricila Kohls dos Santos
   Ideb...121
   Enem..124
   Censo Escolar...126

Os sistemas de avaliação do ensino superior:
Censo da Educação superior, Enade, Sinaes.......................133
Pricila Kohls dos Santos
   Censo da Educação Superior..133
   Sistema Nacional de Avaliação da Educação Superior.........................136
   Exame Nacional de Desempenho de Estudantes..................................138

Unidade 4

Avaliar por meio de portfólios..145
Pricila Kohls dos Santos
    Principais características dos portfólios...145
    Tipos, critérios e a avaliação via portfólio...148
    Portfólios com um único foco, de leitura, eletrônicos e multifocados...............150

Autoavaliação: como favorecer esse processo em sala de aula..155
Pricila Kohls dos Santos
    Autoavaliação e avaliação pelos pares..155
    Itens para uma boa autoavaliação..158
    Regulação e autorregulação buscando a aprendizagem......................................160

A avaliação em projetos de trabalho.. 169
Pricila Kohls dos Santos
    Os projetos de trabalho: conceito e etapas..169
    Estratégias de ensino na aprendizagem baseada em projetos............................173
    A avaliação para a aprendizagem baseada em projetos......................................176

A avaliação nos documentos legais e políticos da educação infantil... 183
Pricila Kohls dos Santos
    Avaliação como ferramenta de aprendizagem na Educação Infantil................184
    Documentos legais e políticos da Educação Infantil...186
    Os obstáculos e desafios a serem enfrentados pela Educação Infantil............188

Gabaritos.. **194**

UNIDADE 1

Introdução aos sistemas brasileiros de avaliação

Objetivos de aprendizagem

Ao final deste texto, você deve apresentar os seguintes aprendizados:

- Explicar, resumidamente, os diversos sistemas de avaliação brasileira.
- Reconhecer os conceitos iniciais sobre os sistemas de avaliação brasileira.
- Identificar as principais características dos sistemas de avaliação existentes atualmente.

Introdução

Neste capítulo, iniciaremos nossos estudos sobre os sistemas de avaliação brasileiros. Trataremos rapidamente sobre a avaliação na Educação Básica e no Ensino Superior. A avaliação sempre foi e sempre será um grande desafio para quem está envolvido tanto na Educação Básica quanto no Ensino Superior. Quando tratamos da avaliação da aprendizagem internamente na escola, essa tarefa fica a cargo dos professores, técnicos e setor pedagógico da instituição, mas quando tratamos de todo um sistema de avaliação da educação de um país, esta temática atinge um âmbito muito maior, envolvendo secretarias municipais e estaduais, institutos de pesquisa e o Ministério da Educação. Vamos conhecer um pouco desse universo muitas vezes desconhecido pelos nossos docentes?

Os sistemas de avaliação da educação brasileira

Os Sistemas de Avaliação da Educação Brasileira têm apresentado grande avanço nos últimos anos, em todos os níveis e modalidades de ensino, compreendendo a importância da abrangência de uma política de avaliação da qualidade educacional. Segundo o Art. 8° da LDB 9394/96 há uma garantia organizacional da educação nacional que deverá:

> VI - assegurar processo nacional de avaliação do rendimento escolar no ensino fundamental, médio e superior, em colaboração com os sistemas de ensino, objetivando a definição de prioridades e a melhoria da qualidade do ensino. (BRASIL, 1996, p. 3)

Segundo a LDB 9394/96, pelos sistemas de avaliações, é possível compreender quais ações são as mais indicadas para melhoria da qualidade da aprendizagem brasileira.

Os sistemas de avaliações brasileiras surgem em meados dos anos 1990 com o Sistema de Avaliação da Educação (SAEB). Segundo Freitas (2005):

> A introdução da avaliação em larga escala na regulação da educação básica se deu no contexto de crise do Estado desenvolvimentista num quadro de busca de recomposição do poder político, simbólico e operacional de regulação pelo Estado central e de restrições à sua atuação na área social, ligando-se ao movimento reformista que, no ingresso dos anos 1990, impôs uma nova agenda para a área social. (FREITAS, 2005, p. 9).

Antes desta data, no Brasil, não havia nenhum tipo de evidência que pudesse produzir e apresentar informações que orientassem a qualificação de todas as políticas públicas educacionais.

No entanto, os sistemas de avaliações brasileiros por si só não bastam para melhorar a aprendizagem dos alunos da Educação Básica e do Ensino Superior, é necessário saber o que fazer com seus resultados para avançar e atingir os melhores padrões de qualidade para a educação brasileira.

Os sistemas de avaliação se apresentam como política pública que busca por um conjunto de ações que dão conta de investigar e buscar estratégias eficientes de tornar a educação brasileira comprometida com o direito de todo aluno a aprender.

Segundo o Ministério de Educação e Cultura (MEC), o Instituto Nacional de Estudos e Pesquisas Educacionais Anísio Teixeira (Inep) é o responsável pela coordenação das avaliações de aprendizagem. A partir de estudos e pesquisas realizados por meio de avaliações sobre a educação brasileira, tem por meta a qualificação e a equidade, produzindo dados confiáveis para que gestores, pesquisadores e educadores em geral possam se valer de ações eficazes e contínuas de qualidade e de compromisso com os alunos brasileiros.

Principais programas do sistema de avaliação

Variados são os programas que configuram os Sistemas de Avaliação Brasileira e se apresentam com características específicas de acordo com as peculiaridades as quais se destinam.

Sistema Nacional de Avaliação da Educação Básica (SAEB)

Segundo informações fornecidas pelo MEC, o SAEB se refere a três processos de avaliação (Ver Figura 1). Sendo eles:

- Avaliação Nacional da Educação Básica (Aneb) representado a partir de amostragem das Redes de Ensino;
- Avaliação Nacional do Rendimento Escolar (Anresc) : trata-se de uma avaliação mais extensa e detalhada do que a Aneb, tendo como foco cada unidade de ensino. Pela amplitude desta avaliação, recebe o nome de Prova Brasil.
- Avaliação Nacional da Alfabetização (ANA): apresenta caráter censitário e busca avaliar a qualidade, equidade e eficiência do ciclo de alfabetização das redes públicas de ensino.

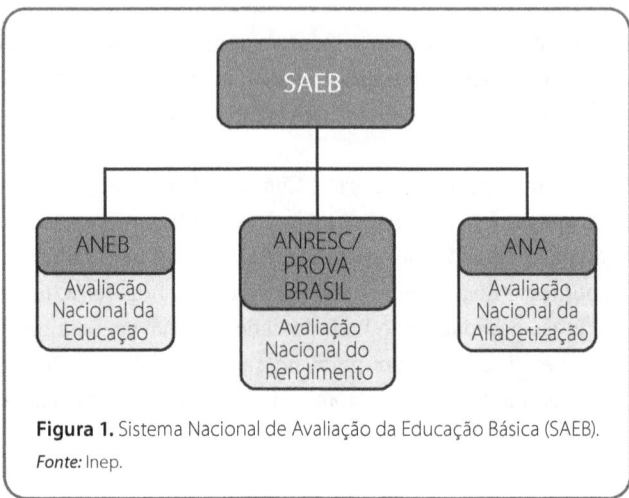

Figura 1. Sistema Nacional de Avaliação da Educação Básica (SAEB).
Fonte: Inep.

- **Prova Brasil:** criada em 2005, tem como foco principal a avaliação da qualidade do ensino (Figura 2). De forma censitária, avalia o rendimento da aprendizagem de alunos de escolas da rede pública municipal, estadual e federal. Este tipo de avaliação é feita em turmas de 5° e 9° anos, com, no mínimo, 20 alunos matriculados. Os dados fornecidos pela Prova Brasil são utilizados no cálculo do Índice de Desenvolvimento da Educação Básica (IDEB). Realizada a cada dois anos, por meio de provas de Língua Portuguesa e Matemática, sendo distribuídas à comunidade escolar e aos alunos que participam da prova com questionários socioeconômicos.
- **Provinha Brasil:** iniciada em 2008, criada pela Portaria Normativa n° 10, de 24 de Abril de 2007. Trata-se de uma avaliação diagnóstica, realizada em turmas do 2° ano do Ensino Fundamental das escolas da rede pública de ensino brasileira, que por adesão aplicam provas de Língua Portuguesa e Matemática, com objetivo de monitorar e avaliar os processos de alfabetização e letramento, bem como, as iniciais habilidades com a matemática. Sua aplicação é realizada a cada dois anos. (BRASIL, 2007).

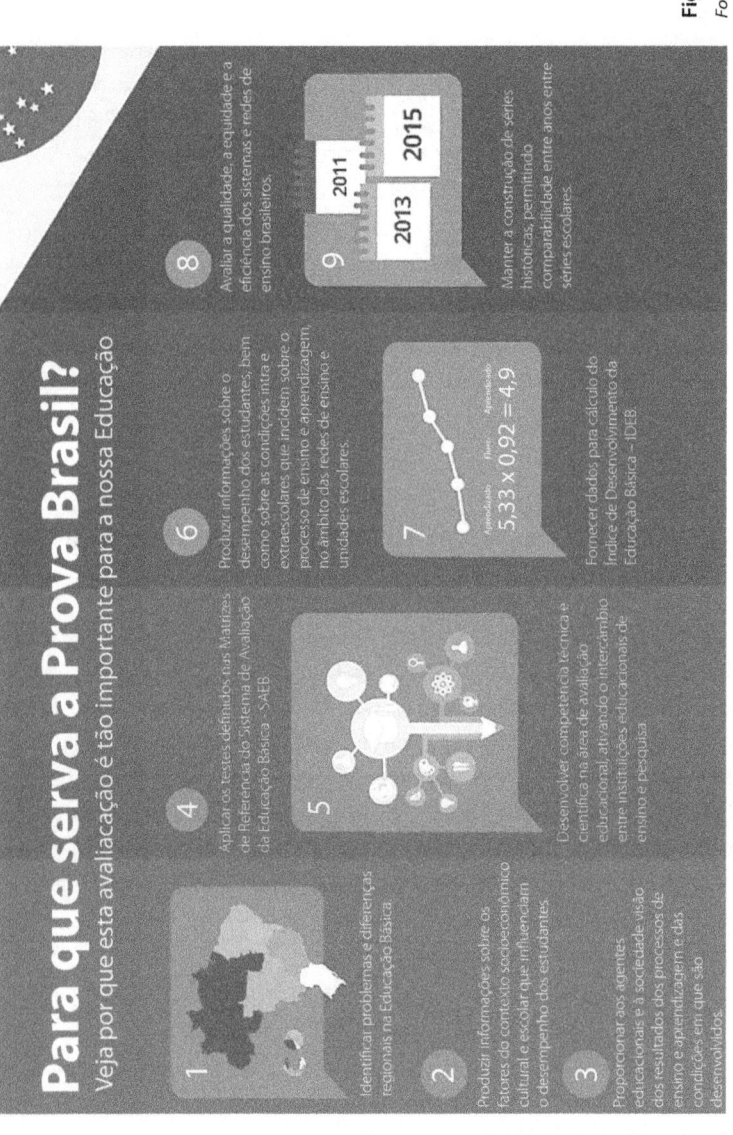

Figura 2. Prova Brasil.
Fonte: Adaptada de Reis (2015).

- **Avaliação Nacional de Alfabetização (ANA):** é uma avaliação nacional, instituída no ano de 2013 e deve ser aplicada anualmente, tendo caráter censitário e avaliativo da qualidade, equidade e eficiência do ensino das escolas públicas. Realizada em turmas do 3° ano do Ensino Fundamental (ver Figura 3).

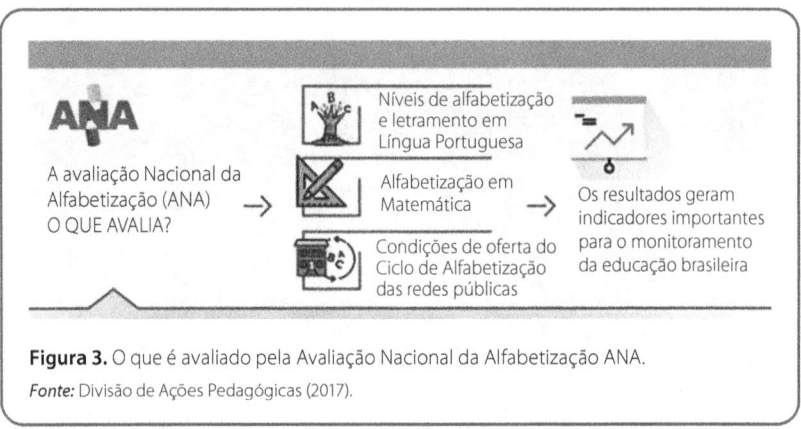

Figura 3. O que é avaliado pela Avaliação Nacional da Alfabetização ANA.
Fonte: Divisão de Ações Pedagógicas (2017).

Exame Nacional de Certificação de Jovens e Adultos (Encceja)

De acordo com as informações do MEC, o Encceja é um sistema de avaliação voluntário ofertado a jovens e adultos residentes ou não, em estados brasileiros, que não tiveram a oportunidade de concluir os estudos em idade própria. O Encceja avalia as habilidades e competências nos processos escolares vivenciados pelos alunos. No Brasil e no exterior, o exame pode ser realizado para solicitar a certificação no nível de conclusão do Ensino Fundamental e do Ensino Médio.

O Exame constitui-se de provas estruturadas da seguinte forma:

a) Para o Ensino Fundamental:
- Língua Portuguesa, Língua Estrangeira Moderna, Artes, Educação Física e uma proposta de Redação;
- Matemática;
- História e Geografia;
- Ciências Naturais.

b) Para o Ensino Médio (apenas para os brasileiros residentes no exterior):
- Linguagens, Códigos e suas Tecnologias e uma proposta de Redação;
- Matemática e suas Tecnologias;
- Ciências Humanas e suas Tecnologias;
- Ciências da Natureza e suas Tecnologias.

Fonte: Brasil (2017a).

Exame Nacional do Ensino Médio (Enem)

Segundo o MEC, o Enem é uma avaliação criada no ano de 1998, com o objetivo de avaliar anualmente o desempenho de estudantes que concluíram a Educação Básica, podendo participar os alunos que estão concluindo ou já finalizaram o ensino médio. É utilizado um critério para os alunos que tem o desejo de ingressar no Programa Universidade para todos (Prouni), também podendo ser utilizado pelas universidades na substituição do vestibular. (BRASIL, 2017b).

Informações importantes de acordo com o site do MEC:

- O Enem é realizado através de provas objetivas, tendo 45 questões:
  - Ciências Humanas e suas Tecnologias;
  - Ciências da Natureza e suas Tecnologias;
  - Linguagens, Códigos e suas Tecnologias;
  - Matemática e suas Tecnologias.
- Também, faz parte do Enem a escrita de uma redação:
  - Texto dissertativo-argumentativo a partir de uma situação-problema (política, social ou cultural);
  - 30 linhas no máximo.
- O MEC traz novidades para o Enem no ano de 2017:
  - Provas em dois domingos consecutivos;
  - Redação no primeiro dia;
  - Nada de certificação;
  - Provas com o seu nome;
  - Vídeo Prova em Libras;
  - Solicitação de tempo adicional no ato da inscrição.
  - Declaração de comparecimento impressa pelo candidato;
  - Novas regras para isenção e ausência.

Fonte: Brasil (2017b).

>  **Saiba mais**
>
> Qualquer pessoa pode fazer o Enem, entretanto, menores de 18 anos, no primeiro dia de realização do Exame, que concluirão o Ensino Médio após o ano letivo de 2017, os chamados treineiros, podem usar o resultado somente para autoavaliação de conhecimentos.
> *Fonte:* Brasil (2017b).

Exame nacional de desempenho do ensino superior (Enade)

De acordo com o MEC, o Enade é um sistema de avaliação do desempenho dos estudantes dos cursos de graduação, sendo obrigatório a todos os alunos selecionados como condição indispensável à emissão do histórico escolar. O Enade é realizado de acordo com os conteúdos programáticos em que os alunos ingressantes ou concluintes estão matriculados.

Sistema Nacional de Desempenho do Ensino Superior(Sinaes)

Segundo Informações oficiais do site do MEC, o Sinaes foi criado pela Lei nº 10.861, de 14 de abril de 2004, compreendendo a avaliação das instituições, dos cursos e do desempenho dos estudantes universitários (Enade). (BRASIL, 2004). Ver Figura 4.

O ensino, a pesquisa, a extensão, a responsabilidade social, o desempenho dos alunos, a gestão da instituição, o corpo docente e as instalações são os principais focos avaliados, sendo utilizados como embasamento das políticas públicas. Este sistema de avaliação é coordenado e supervisionado pela Comissão Nacional de Avaliação da Educação Superior (Conaes).

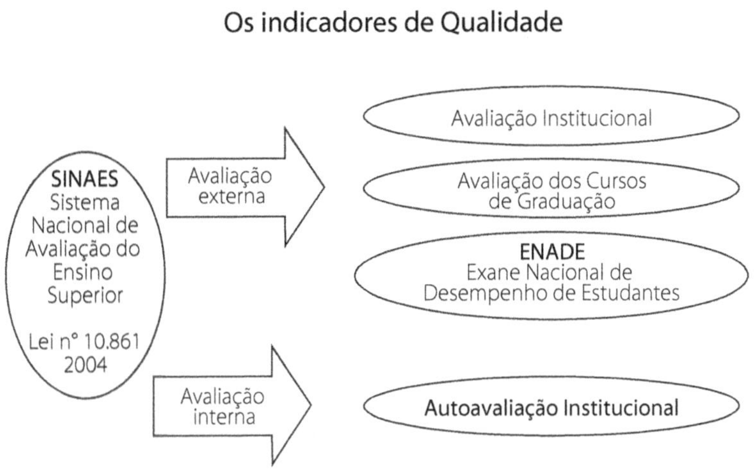

Os indicadores de Qualidade

```
SINAES                    Avaliação Institucional
Sistema      Avaliação
Nacional de   externa    Avaliação dos Cursos
Avaliação do                de Graduação
  Ensino
 Superior                      ENADE
                          Exane Nacional de
Lei n° 10.861           Desempenho de Estudantes
   2004
             Avaliação
              interna    Autoavaliação Institucional
```

Figura 4. Indicadores de qualidade do Sinaes.
Fonte: Pinto (2014).

Exercícios

1. Os sistemas de avaliação brasileira são compostos por índices, provas, censos, legislações, entre outros instrumentos. Segundo a Lei de Diretrizes e Bases da Educação Nacional, Lei n° 9394 de 1996, marque V (caso verdadeiro) ou F (caso falso) nas ponderações relativas aos sistemas de avaliação brasileiros:

( ) O ensino pode ser realizado restritamente pela iniciativa privada, desde que seja aprovado seu funcionamento pelo Poder Público.

( ) Cabe ao município assegurar o processo nacional de avaliação do rendimento escolar no ensino fundamental, médio e superior, em colaboração com os sistemas de ensino, objetivando a definição de prioridades e a melhoria da qualidade do ensino.

( ) Cabe à União assegurar o processo nacional de avaliação das instituições de educação superior, com a cooperação dos sistemas que tiverem responsabilidade sobre este nível de ensino.

Agora, marque a sequência CORRETA:
a) F – F – V.
b) V – F – V.
c) V – F – F.
d) V – V – F.
e) F – F – F.

2. Os sistemas de avaliação brasileiros são os mais diversos, abrangendo

avaliações que devem ocorrer desde a Educação Infantil ao Ensino Superior. Assim sendo, são sistemas de avaliações compostos por provas ou avaliações da aprendizagem, EXCETO:
a) Ideb e Sinaes.
b) Enem e Provinha Brasil.
c) Provinha Brasil e Encceja.
d) Encceja e Enem.
e) Enem e Enade.

3. "No Brasil, o desenvolvimento de um sistema de avaliação da educação básica é bastante recente. Até o início dos anos 1990, com a exceção do sistema de avaliação da pós-graduação sob a responsabilidade da Capes, as políticas educacionais eram formuladas e implementadas sem qualquer avaliação sistemática." (CASTRO, 2009, p. 7) Sendo os sistemas de avaliação brasileiros ainda muito recentes, alguns ajustes precisam ainda ser feitos. Aponte com V (caso verdadeira) ou F (caso falsa) nas afirmativas abaixo em relação aos sistemas de avaliações educacionais no Brasil:
( ) Cabe aos municípios assegurar o processo nacional de avaliação do rendimento escolar no Ensino Fundamental, Médio e Superior, em colaboração com os sistemas de ensino, objetivando a definição de prioridades e a melhoria da qualidade do ensino.
( ) O Saeb, o Enem e a Prova Brasil apresentam as mesmas características e possibilidades de usos de seus resultados para que as informações avaliativas sirvam para o processo de formulação, implementação e ajuste de políticas educacionais.
( ) O principal desafio destes sistemas de avaliação é definir estratégias de uso dos resultados para melhorar a sala de aula e a formação dos professores.
Agora, marque a sequência CORRETA:
a) F – F – F.
b) V – V – V.
c) F – F – V.
d) V – F – V.
e) V – F – F.

4. O principal desafio dos sistemas de avaliação da aprendizagem é "definir estratégias de uso dos resultados para melhorar a sala de aula e a formação dos professores, de modo a atingir padrões de qualidade compatíveis com as novas exigências da sociedade do conhecimento." (CASTRO, 2009, p. 9) Sobre os sistemas de avaliação descritos, marque V (caso verdadeiro) e F (caso falso).
( ) O Saeb é uma avaliação de desempenho acadêmico e de fatores associados ao rendimento escolar, realizada anualmente.
( ) As escolas que tiveram mais de 50% de seus alunos da terceira série do Ensino Médio presentes no Enem podem solicitar um boletim com a média do conjunto de seus estudantes. Este boletim informa, ainda, a nota média do país, possibilitando uma comparação dos resultados.
( ) Evitar o aumento da aprovação sem que os alunos aprendam e evitar que as escolas reprovem em massa, excluindo alunos com desempenho insuficiente e selecionando os melhores

para elevar as notas na prova, este é o sentido do Ideb. Agora, marque a sequência CORRETA:
a) V – F – V.
b) F – F – V.
c) F – V – V.
d) V – F – F.
e) V – V – F.

5. "O Enem é um exame de caráter voluntário, implantado pelo MEC em 1998, que avalia o desempenho individual do aluno ao término do Ensino Médio, visando aferir o desenvolvimento das competências e habilidades necessárias ao exercício pleno da cidadania. A prova, interdisciplinar e contextualizada, é composta por uma redação e uma parte objetiva." (CASTRO, 2009, p. 9) Segundo Castro (2009), o seguinte postulado faz parte da matriz de competências especialmente definida para o exame:
a) Demonstrar domínio básico da norma culta da língua inglesa e do uso das diferentes linguagens: matemática, artística, científica, entre outras.
b) Construir e aplicar conceitos de uma das áreas do conhecimento para compreensão de fenômenos naturais, de processos histórico-geográficos, da produção tecnológica e das manifestações artísticas.
c) Selecionar, organizar, relacionar, interpretar dados e informações representados de diferentes formas, para enfrentar situações-problema, segundo uma visão crítica, com vistas à tomada de decisões.
d) Organizar informações e conhecimentos disponíveis em situações subjetivas, para a construção de argumentações consistentes.
e) Recorrer aos conhecimentos desenvolvidos na escola para elaboração de propostas de intervenção solidária na realidade, desconsiderando a diversidade sociocultural como inerente à condição humana no tempo e no espaço.

Referências

BRASIL. Ministério de Educação e Cultura. *Lei nº 9394, de 20 de dezembro de 1996*. Estabelece as Diretrizes e Bases da Educação Nacional. Brasília, DF, 1996. Disponível em: <http://www.planalto.gov.br/ccivil_03/leis/L9394.htm>. Acesso em: 23 jul. 2017.

BRASIL. Ministério de Educação e Cultura. *Lei nº 10.861, de 14 de abril de 2004*. Institui o Sistema Nacional de Avaliação da Educação Superior – SINAES e dá outras providências. Brasília, DF, 1996. Disponível em: <http://www.planalto.gov.br/ccivil_03/_ato2004-2006/2004/lei/l10.861.htm>. Acesso em: 18 set. 2017.

BRASIL. Ministério de Educação. *Portaria normativa n.-10, de 24 de abril de 2007*. Brasília, DF, 2007. Disponível em: <http://download.inep.gov.br/educacao_basica/provinha_brasil/legislacao/2007/provinha_brasil_portaria_normativa_n10_24_abril_2007.pdf>. Acesso em: Acesso em: 18 set. 2017.

BRASIL. Ministério de Educação. *Avaliações da aprendizagem*. 2016. Disponível em: <http://portal.mec.gov.br/secretaria-de-educacao-basica/190-secretarias-112877938/setec-1749372213/18843-avaliacoes-da-aprendizagem>. Acesso em: 23 jul. 2017.

BRASIL. Ministério de Educação. *Enceja*: Exame Nacional de Certificação de Competência de jovens e Adultos. 2017a. Disponível em: <http://enccejanacional.inep.gov.br/encceja/#!/inicial>. Acesso em: 18 set. 2017.

BRASIL. Ministério de Educação. *ENEM*: Exame Nacional do Ensino Médio. 2017b. Disponível em: <http://enem.inep.gov.br/#/antes?_k=c7lwba>. Acesso em: 18 set. 2017.

DIVISÃO DE AÇÕES PEDAGÓGICAS. *INEP apresenta cronograma de divulgação dos resultados da avaliação nacional da alfabetização 2016*. 2017. Disponível em: <https://goo.gl/96Snnq>. Acesso em: 18 set. 2017.

FREITAS, D. N. T. A avaliação da educação básica no Brasil: dimensão normativa, pedagógica e educativa In: REUNIÃO ANUAL DA ANPED, 28., 2005, Caxambu. *Anais...* Caxambu, MG: ANPED, 2005.

PINTO, A. M. *Apresentação SINAES para que fazer ENADE 2015*. 28 nov. 2014. Disponível em: <https://pt.slideshare.net/adrianomp/apresentao-enade-2015>. Acesso em: 18 set. 2017.

REIS, K. *Para que serve a Prova Brasil?*. 13 nov. 2015. Disponível em: <http://blog.qedu.org.br/blog/2015/11/13/para-que-serve-a-prova-brasil/>. Acesso em: 18 set. 2017.

Aspectos históricos dos processos avaliativos da aprendizagem

Objetivos de aprendizagem

Ao final deste texto, você deve apresentar os seguintes aprendizados:

- Reconhecer os aspectos históricos dos processos avaliativos da aprendizagem.
- Identificar os conceitos iniciais e centrais da avaliação da aprendizagem.
- Explicar, resumidamente, os principais métodos de avaliação utilizados historicamente e atualmente.

Introdução

Antes de começar nosso estudo acerca da avaliação e seus aspectos históricos, metodológicos, legais e institucionais, vamos refletir um pouco sobre o que pensamos quando falamos em avaliação da aprendizagem. Será que pensamos apenas nos resultados dos alunos aferidos por uma prova? Pensamos sobre como aferir o conhecimento dos alunos? Lembramo-nos da avaliação diagnóstica, formativa, somativa, processual? Já refletiram sobre isso? Já pensaram que a maneira como ensinamos e avaliamos pode ser o principal motivo do fracasso de nossos alunos, pelas formas de avaliação selecionadas por nós? E que a maneira como avaliamos diz muito sobre como ensinamos e como aprendemos? São sobre essas questões que trataremos neste capítulo.

A avaliação e seus aspectos históricos

Para compreender o presente torna-se necessário retornar ao passado, percebendo em quais momentos históricos se definem práticas que atualmente são utilizadas nas escolas, por exemplo, a avaliação da aprendizagem dos alunos.

Iniciamos este capítulo com os estudos de Luckesi (2002) sobre a avaliação escolar, no que tange ao seu contexto histórico.

Segundo Luckesi (2002) a partir do Século XIX é iniciada a prática do exame (Figura 1). Uma ação com efeitos de certificação, promoção ou retenção dos alunos conforme seu desempenho de aprendizagem. Nessa época, o professor era considerado o detentor do saber, ou seja, era considerado como o transmissor absoluto dos conteúdos, cabendo aos alunos disciplina e total obediência para que eles pudessem aprender.

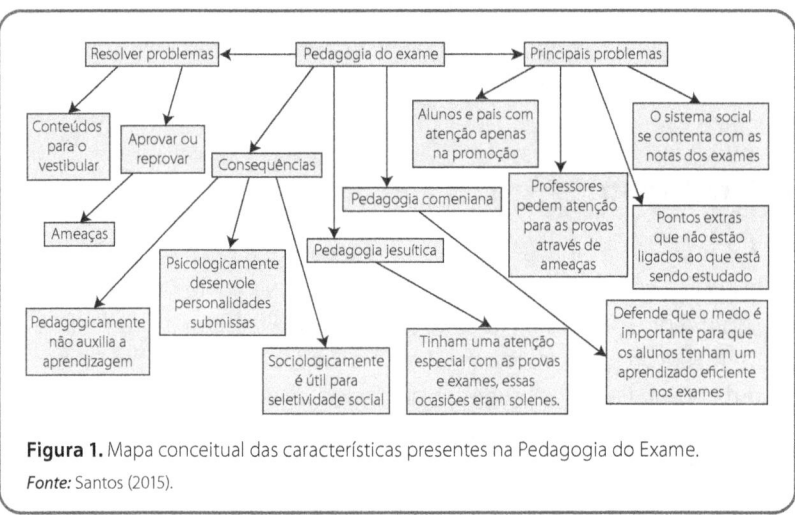

Figura 1. Mapa conceitual das características presentes na Pedagogia do Exame.
Fonte: Santos (2015).

A Figura 1 ilustra uma prática em que a professora é vista como aquela que é a detentora do saber. Ou seja, aquela que transmite o conhecimento, e o aluno, aquele que o recebe. Por muitas vezes esse conhecimento é descartado pelo aluno, por não fazer parte de sua realidade ou interesses de aprendizagens – uma transmissão de conhecimentos.

Figura 2. Exemplo de um professor detentor do saber.
Fonte: Avaliação... ([2013]).

De acordo com Foucault (1988) o exame:

[...] combina as técnicas da hierarquia que vigia e as da sanção que normaliza. É um controle normalizante, uma vigilância que permite qualificar, classificar e punir. Estabelece sobre os indivíduos uma visibilidade através da qual eles são diferenciados e sancionados. É por isso que em todos os dispositivos de disciplina o exame é altamente ritualizado. Nele vêm-se reunir a cerimônia do poder e a forma da experiência, a demonstração da força e o estabelecimento da verdade. No coração dos processos de disciplina, ele manifesta a sujeição dos que são percebidos como objetos e a objetivação dos que se sujeitam. (FOUCAULT, 1977, p. 164-165).

Pelas palavras do autor, o exame configura-se como um instrumento de controle, vigia e punição. Com a prática dos exames, os castigos físicos eram comuns e as punições ou premiações eram realizadas de acordo com o rendimento dos alunos.

O exame foi um termo utilizado até a metade do século XIX, sendo substituído por avaliação.

No entanto, torna-se importante destacar que as alterações foram realizadas apenas nos termos "de exame para avaliação", pois a intenção desse artifício educacional continua sendo o mesmo e a sua ação controladora permanece.

Dizendo de outra forma, a avaliação foi criada com o objetivo de realizar um controle social e intelectual de uma ideologia dominante.

Historicamente, a avaliação traz consigo uma concepção classificatória, autoritária e excludente.

No entanto, é necessário compreender a avaliação a partir de um novo significado, mais justo e democrático que considere a aprendizagem a partir de um processo participativo, reflexivo e dialético onde o aspecto qualitativo se sobrepõe ao quantitativo.

A charge (Figura 3) apresenta uma aproximação com avaliação quando propõe a todos a mesma "prova" desconsiderando os aspectos de cada um. Julga que todos devem apresentar a mesma resposta. Desta forma, torna-se um processo desigual e injusto, que ainda encontramos em muitas escolas na atualidade.

Figura 3. Aproximação com avaliação "mesma prova".
Fonte: [Seleção justa], ([200-?]).

Principais conceitos sobre a Avaliação da Aprendizagem

A temática avaliação é responsável por um campo vasto de discussões, no qual vários conceitos vão se constituindo ao longo dos tempos e das concepções pedagógicas que se estabelecem.

Neste capítulo, abordaremos a compreensão de alguns autores sobre a avaliação. Iniciando esta reflexão por Kramer (2006) que descreve que o termo avaliação vem do latim e significa dar valor ao objeto de pesquisa ou medir os conhecimentos adquiridos pelos alunos dos conteúdos estudados.

Ou seja, a avaliação, nesta visão, é compreendida com o objetivo de verificação dos conteúdos aprendidos pelos alunos, bem como, a identificação dos conteúdos os quais os alunos ainda possuem dificuldades e que devem ser retomados/reforçados no processo de ensino-aprendizagem.

A charge da Figura 4 ilustra o conceito de aprendizagem descrito.

Figura 4. Será possível medir a quantidade de aprendizagens adquiridas por um aluno na escola?
Fonte: Silva ([2014?]).

Para Luckesi (2002) o ato de avaliar é algo amplo permeado não por um, mas por vários objetos, sendo compreendido como uma tomada de decisão.

[...] avaliação pode ser caracterizada como uma forma de ajuizamento da qualidade do objeto avaliado, fator que implica uma tomada de posição a respeito do mesmo, para aceitá-lo ou para transformá-lo. A avaliação é um julgamento de valor sobre manifestações relevantes da realidade, tendo em vista uma tomada de decisão. (LUCKESI, 2002, p. 33)

Ou seja, Luckesi (2002) se refere à avaliação como uma ação qualitativa que auxilia o professor no seu trabalho pedagógico junto aos alunos.

Demo (1999) compreende a avaliação como um processo que sugere uma mudança qualitativa entre avaliador e avaliado. Estando as finalidades e os objetivos da prática pedagógica de acordo com os critérios de avaliação.

Refletir é também avaliar, e avaliar é também planejar, estabelecer objetivos etc. Daí os critérios de avaliação, que condicionam seus resultados estejam sempre subordinados a finalidades e objetivos previamente estabelecidos para qualquer prática, seja ela educativa, social, política ou outra. (DEMO, 1999, p. 1).

Demo (1999) aborda a ideia de avaliação enquanto um processo reflexivo associado a um projeto educativo, social e político do desenvolvimento da aprendizagem.

Para Hoffmann (2007), o conceito de avaliação refere que ela é:

[...] essencial à educação. Inerente e indissociável enquanto concebida como problematização, questionamento, reflexão sobre a ação. "Educar é fazer ato de sujeito, é problematizar o mundo em que vivemos para superar as contradições, comprometendo-se com esse mundo para recriá-lo constantemente. (HOFFMANN, 2007, p. 15).

Pelas palavras de Hoffmann (2007), a avaliação é vital em um processo educacional a fim de qualificar às ações pedagógicas que potencializam a aprendizagem dos alunos. Nesse entendimento, o erro que antes era visto como algo punitivo, passa a ser entendido como parte importante de um processo de aprendizagem em construção.

Nessa perspectiva, o erro é visto a partir de uma visão ampla de superação de determinadas hipóteses dos alunos ao construir seu conhecimento. Faz parte de um processo reflexivo, que a partir dos erros compreendidos como construtivos, possam vir a contribuir na significação de novas aprendizagens.

Se as crianças cometem erros é porque, geralmente, estão usando sua inteligência a seu modo. Considerando que o erro é um reflexo do pensamento da criança, a tarefa do professor não é a de corrigir, mas descobrir como foi que a criança fez o erro. (KAMII, 1992, p. 64).

Pelas palavras de Kamii (1992), o professor deve assumir a função de mediador do processo de aprendizagem dos alunos, realizando as intervenções necessárias para que a criança avance em suas hipóteses de aprendizagem.
Para Libâneo (1994) a avaliação é:

[...] é uma tarefa complexa que não se resume a realização de provas e atribuição de notas. A mensuração apenas proporciona dados que devem ser submetidos a uma apreciação qualitativa. A avaliação, assim, cumpre funções pedagógico-didáticas, de diagnostico e de controle em relação as quais se recorrem a instrumentos de verificação do rendimento escolar. (LIBÂNEO, 1994, p. 195).

Libâneo (1994) apresenta a avaliação atrelada ao acompanhamento detalhado do rendimento da aprendizagem dos alunos às ações pedagógicas desenvolvidas pelo professor.

De acordo com Vasconcellos (1995), a avaliação deve servir para o reconhecimento da realidade escolar, bem como, a sua atuação sobre ela, sanando assim as necessidades encontradas no processo de ensino-aprendizagem. Ou seja, a conceituação de avaliação sugerida por Vasconcellos (1995) refere-se a uma perspectiva transformadora.

A avaliação de ontem e de hoje: um estudo sobre suas metodologias

Todo processo avaliativo é envolvido por um contexto histórico, social e político, assumindo metodologias diferenciadas de acordo com cada realidade vivenciada.

Segundo Perrenoud (1999), a avaliação não deve ser considerada uma tortura medieval, ou seja, servir como uma ameaça aos alunos ou uma forma de punição pela não aprendizagem. Historicamente, a avaliação possuía esse viés, quando criada por volta do Século XVII, e sendo compreendida como obrigatória a partir do Século XX com a ideia do ensino de massa.

Torna-se importante entender que a avaliação se constitui a partir dos interesses de cada época e que nada se modifica de um dia para o outro na escola.

Parte-se de uma avaliação alicerçada em uma metodologia tradicional, classificatória, tendo como maior preocupação vencer conteúdos, desconsiderando em muitas vezes o conhecimento produzidos pelos alunos, visando à cópia e/ou a reprodução fiel daquilo que foi ensinado pelo professor.

Na atualidade, a educação vem sendo representada por uma metodologia mediadora da avaliação, que se desenvolve em benefício dos alunos e, que segundo Hoffmann (2009), se dá pela relação de proximidade de quem educa e de quem é educado. Rompe com a ideia da quantidade e se abre para a compreensão da importância da qualidade da aprendizagem e dos processos educativos.

No entanto, ainda percebemos a presença de avaliações com características seletivas e desiguais. Com isso, há necessidade de um movimento constante e efetivo de (re)elaboração dos métodos, a fim de que possam garantir uma melhor e mais qualificada forma de avaliar os alunos, compreendendo e respeitando as singularidades de cada um.

A Figura 5 ilustra como as provas, muitas vezes, são vistas pelos professores e alunos ao ser representada como uma ameaça ou um castigo.

Figura 5. Provas como "castigo".
Fonte: Domingues (2015a).

Exemplo

O Quadro 1 apresenta um exemplo de autoavaliação que pode ser realizado pelo próprio aluno.

Quadro 1. Autoavaliação.

Responsabilidade	Sim, sempre	Às vezes	Não nunca
1. Fiz todas as tarefas de casa?			
2. Empenhei-me em fazer a lição com capricho?			
3. Fiz todas as atividades propostas em classe?			
4. Trouxe sempre o material necessário para a aula?			
5. Cuidei bem do meu material escolar?			
6. Cuidei dos materiais e do espaço físico da escola?			

Fonte: Domingues (2015b).

Exercícios

1. Quando pensamos sobre avaliação da aprendizagem, alguns pressupostos são necessários. Como refletimos sobre a forma como nos avaliaram no período escolar e também já conhecemos um pouco sobre os aspectos históricos da avaliação da aprendizagem, marque a alternativa CORRETA:

a) Avaliar significa coletar, sintetizar e interpretar informações. Informações estas que nos auxiliam na tomada de decisões em sala de aula, por exemplo,

como podemos ensinar determinado conteúdo.
b) As decisões que são tomadas durante o processo de ensino e aprendizagem em sala não têm nenhuma ligação com a forma como avaliamos nossos alunos.
c) Avaliar é ditar o certo e o errado dentro da sala de aula e no mundo; porém, a criação de uma hierarquia de excelência não pode ser considerada uma função da avaliação.
d) A ideia de que a avaliação deve auxiliar o aluno a aprender é uma ideia bastante recente, datando dos anos 90.
e) Atualmente, a avaliação da aprendizagem visa selecionar pessoas bem instruídas para o mercado de trabalho.

2. "Mais dia, menos dia, os sistemas educativos estarão encurralados: ou continuarão presos ao passado, fazendo um discurso de vanguarda; ou transporão o obstáculo e orientar-se-ão para um futuro em que as hierarquias de excelência serão menos importantes do que as competências reais de maior número." (PERRENOUD, 1999, p. 17). Considerando esta lógica proposta por Perrenoud, de que em breve a escola terá que fazer uma escolha metodológica em relação a seu método de avaliação, transformando as práticas atuais de hierarquização, marque a alternativa CORRETA.
a) O aluno deve ser avaliado em todas suas ações em sala de aula, exercícios propostos, debates realizados em sala de aula, e não apenas pontualmente em provas ou exercícios avaliativos.
b) A avaliação é feita principalmente a partir das aparências, o comportamento do aluno em sala de aula define se ele irá aprender os conteúdos ensinados.
c) Atualmente, as diferenças não são consideradas na escola, muito menos na sala de aula.
d) A avaliação é um ato unidirecional. Apenas a professora deve avaliar os alunos.
e) As desigualdades em sala de aula, diferentemente do aspecto social atual, estão cada vez mais sutis; os alunos de uma mesma série escolar estão todos no mesmo nível de desenvolvimento.

3. Perrenoud (1999, p. 17) afirma que: "Vivemos em um período de transição. Por muito tempo, as sociedades europeias acreditaram não necessitar de muitas pessoas instruídas e se serviram da seleção, portanto da avaliação, para excluir a maior parte dos indivíduos dos estudos aprofundados." Com base nessa afirmativa, assinale a alternativa CORRETA:
a) Atualmente, um dos papéis da educação é selecionar pessoas instruídas para o mercado de trabalho.
b) A ideia de excluir indivíduos por meio da avaliação era utilizada no intuito de segregar o máximo de indivíduos dos estudos aprofundados, considerando que estes eram privilégios de poucos.
c) Quanto menos indivíduos escolarizados, na atualidade, melhor para a sociedade. Este é o intuito da avaliação.
d) Avaliar é segregar quem não

sabe sobre determinado assunto e agraciar quem sabe, quem conhece.
e) A avaliação ou está a serviço da seleção, ou da aprendizagem.

4. "[...] os governos e os profissionais da educação permanecem, com muita frequência, paralisados pela crise econômica, pela fragilidade das maiorias no poder, pelas contradições internas das burocracias escolares, pelos conservadorismos de todo tipo e por tudo que mantém uma distância entre os ideais declarados e a realidade dos sistemas educativos." (PERRENOUD, 2009, p. 18). Considerando esta dualidade de lógicas que decepciona e escandaliza aqueles que lutam contra o fracasso escolar e vislumbram uma educação em que a avaliação seja formativa, qual conjunto NÃO remete à ideia de avaliação da aprendizagem no sentido em que a educação a utiliza atualmente:
a) Seleção; hierarquização.
b) Tortura; certificação.
c) Hierarquização; privilégios.
d) Diagnóstica; formativa.
e) Portfólios; autoavaliação.

5. Em seu livro "Avaliação: da excelência à regulação das aprendizagens", Perrenoud trata sobre a avaliação a serviço da seleção e das aprendizagens. Faça a correspondência abaixo do que se trata de uma avaliação a serviço da seleção (AS) e avaliação a serviço das aprendizagens (ASA).
( ) I- Avaliar é criar hierarquias.
( ) II- A avaliação formativa nada mais é do que uma maneira de regular a ação pedagógica.
( ) III - Avaliar para certificar um indivíduo, garantindo que ele possui um potencial, que foi formado, sendo assim está apto ao mercado de trabalho.
( ) IV- A avaliação diagnóstica pretende ser uma maneira do professor conhecer a realidade da turma em que está atuando, visando ao ajustamento pedagógico àquela realidade.
Marque a sequência CORRETA.
a) I-AS; II-ASA; III-AS; IV-ASA.
b) I-ASA; II-ASA; III-AS; IV-ASA.
c) I-AS; II-ASA; III-ASA; IV-AS.
d) I-ASA; II-ASA; III-ASA; IV-ASA.
e) I-AS; II-ASA; III-ASA; IV-ASA.

Referências

AVALIAÇÃO na formação do professor. [2013]. Disponível em: <http://grad.nead.ufsj.edu.br/Pedag/disciplinas/index.php?secao=ver_unidade&id_conteudo=335&id_disciplina=24&id_unidade=69>. Acesso em: 15 set. 2017.

DEMO, P. *Avaliação qualitativa*. 6. ed. Campinas, SP: Autores Associados, 1999.

DOMINGUES, J. E. *Autoavaliação*: uma ferramenta importante para o professor. 01 out. 2015a. Disponível em: <http://www.ensinarhistoriajoelza.com.br/autoavaliacao-uma-ferramenta-importante-para-o-professor/>. Acesso em: 15 set. 2017.

DOMINGUES, J. E. *A avaliação em história na escola*. 20 maio 2015b. Disponível em: <http://www.ensinarhistoriajoelza.com.br/a-avaliacao-em-historia-na-escola/>. Acesso em: 15 set. 2017.

FOUCAULT, M. *Vigiar e punir*. Petrópolis, RJ: Vozes, 1977.

HOFFMANN, J. *Avaliação*: mitos e desafios: uma perspectiva construtivista. 38. ed. Porto Alegre: Mediação, 2007.

KAMII, C. *A criança e o número*: implicações educacionais da teoria de Piaget para atuação junto a escolares de 4 a 6 anos. Campinas, SP: Papirus, 1992.

LIBÂNEO, J. C. *Didática*. 2. ed. São Paulo: Cortez, 1994.

LUCKESI, C. C. *Avaliação da aprendizagem escolar*. 13. ed. São Paulo: Cortez, 2002.

PERRENOUD, P. *Avaliação:* da excelência à regulação das aprendizagens: entre duas lógicas. Porto Alegre: Artmed, 1999.

SANTOS, E. *Mapa conceitual*. 17 nov. 2015. Disponível em: <http://avaliarenecessario.blogspot.com.br/2015/11/blog-post.html>. Acesso em: 15 set. 2017.

[SELEÇÃO justa]. [200-?]. Disponível em: <http://www.feuc.br/revista/wp-content/uploads/2014/09/Avalia1.jpg>. Acesso em: 15 set. 2017.

SILVA, S. A. R. *Currículo*: ações políticas mediadas...que norteiam a ação integrada. [2014?]. Disponível em: <http://slideplayer.com.br/slide/1642561/>. Acesso em: 15 set. 2017.

VASCONCELLOS, C. dos S. *Avaliação*: concepção dialética-libertadora do processo de avaliação escolar. São Paulo: Libertad, 1995.

Leituras recomendadas

FERREIRA, L. *Retratos da avaliação*: conflitos, desvirtuamentos e caminhos para a superação. Porto Alegre: Mediação, 2009.

HOFFMANN, J. *Avaliação mediadora*: uma prática em construção da pré-escola à universidade. Porto Alegre: Mediação, 2009.

KRAEMER, M. E. P. Avaliação da aprendizagem como construção do saber. *Revista eletrônica*: Educación Superior... Investigaciones y Debates, 2006. Disponível em: < https://repositorio.ufsc.br/bitstream/handle/123456789/96974/Maria%20Elizabeth%20 Kraemer%20-%20Avalia%C3%A7%C3%A3o%20da%20aprendizagem%20como%20 con.pdf?sequence=3&isAllowed=y>. Acesso em: 25 maio 2012.

O repensar na avaliação frente aos processos de ensino-aprendizagem em um contexto de constantes transformações

Objetivos de aprendizagem

Ao final desta unidade você deve apresentar os seguintes aprendizados:

- Debater acerca das constantes transformações vivenciadas pela escola e seus impactos na avaliação da aprendizagem.
- Identificar as mudanças ocorridas nos processos de avaliação da aprendizagem.
- Sintetizar as características do novo cenário educacional vivenciado, em particular o novo cenário da avaliação.

Introdução

Conhecer o passado ajuda-nos a compreender o que já evoluiu de alguma maneira e onde ainda precisamos repensar. Na educação, especificamente nos processos avaliativos da aprendizagem, esta dinâmica não é diferente. Em um determinado momento da história da educação faz-se necessário repensar a dinâmica da avaliação frente aos processos de ensino-aprendizagem em um contexto de constantes transformações como vivemos atualmente. Existe uma crise de identidade da escola e de seus atores, que por muitas vezes não sabem mais qual o seu real papel, função, neste jogo social que pode ser consolidada a escola. Neste capítulo, discutiremos no que essas profundas e constantes transformações que vivenciamos em nosso dia a dia tem impactado na educação e nos processos avaliativos.

A avaliação escolar de ontem e de hoje

A avaliação escolar está intimamente ligada às transformações dos processos educacionais durante os tempos, representando uma ação fundamentalmente básica do processo educativo, não devendo ser compreendida de forma isolada, pois é influenciada por vários fatores sendo estes sociais, culturais e políticos.

Este capítulo sugere o repensar a avaliação frente aos processos de ensino-aprendizagem, que se transformam e se configuram de forma diferente, frente às mudanças sociais e por consequência educacionais.

Há tempos remotos a avaliação era vista apenas como um instrumento que servia para medir a quantidade de aprendizagens dos alunos sobre determinados conteúdos ensinados pela escola.

Ou seja, uma forma de avaliação vista apenas na perspectiva do produto do resultado final. Provas, testes, trabalhos que determinavam e ainda continuam a determinar nos dias de hoje os acertos e erros das aprendizagens dos alunos.

No entanto, a prática de avaliação descrita não está extinta nos dias atuais. A avaliação quantitativa focada no produto permanece em alguns espaços escolares, dialogando de forma estreita com a concepção de aprendizagem defendida em cada instituição escolar.

A Figura 1 representa uma avaliação focada na quantidade em que os aspectos sociais e comportamentais não são considerados. Apresentando-se como importante apenas os conhecimentos ensinados pela escola e que de forma rígida e formal espera por respostas idênticas aos conteúdos que foram ensinados.

Figura 1. Mafalda – Desigualdade escolar.
Fonte: Adaptada de Bernardo (2014).

Caso o contrário o aluno é visto como aquele que não sabe, não aprendeu e precisa reprovar de ano na escola para repetir todos os componentes curriculares trabalhados no ano letivo.

Nos dias atuais podemos ver um novo formato de avaliação escolar se configurando, quando busca olhar para a qualidade das aprendizagens dos alunos. Valoriza-se o sujeito de forma integral e suas aprendizagens de forma significativa para a vida. Não fragmenta as aprendizagens, mas valoriza os saberes dos alunos e agrega a eles os saberes produzidos pela humanidade (Figura 2).

Figura 2. Aspectos de avaliação.
Fonte: Nunes (2016).

Hoffmann (1996) compreende que a avaliação escolar dos dias atuais somente faz sentido se estiver comprometida com a busca da qualificação das aprendizagens dos alunos.

Neste sentido, a avaliação se apresenta como um recurso utilizado de forma emancipatória e não mais classificatória das aprendizagens dos alunos.

É preciso valorizar o percurso percorrido pelos alunos em suas aprendizagens, ou seja, o processo avaliativo deve estar intimamente ligado ao (re)pensar a prática pedagógica do professor.

> **Fique atento**
>
> **Ralph Tyler**
> O termo "avaliação educacional" foi proposto primeiramente por Ralph Tyler em 1934 na mesma época em que surgiu a educação por objetivos, que tem como princípio formular objetivos e verificar se estes foram cumpridos.
> *Fonte:* Avaliação Formativa ([201-?]).

Avaliação escolar: um desafio constante no processo de ensino-aprendizagem

Ao longo dos tempos a avaliação escolar permanece sendo um tema de incansáveis discussões, ou seja, ela representa uma importante ação da prática pedagógica que está presente no processo de ensino-aprendizagem.

Assim, o falar sobre a avaliação da aprendizagem escolar não é algo novo, no entanto, mesmo assim ainda é considerada como um grande desafio, pois a prática avaliativa tradicional baseada em testes, provas, conceitos, menções, que classificam os alunos em aprovados ou reprovados ainda permanecem presentes em muitas instituições escolares. Segundo Esteban (2001) a avaliação escolar em uma perspectiva excludente,

> [...] silencia as pessoas, suas culturas e seus processos de construção de conhecimentos; desvalorizando saberes fortalece a hierarquia que está posta, contribuindo para que diversos saberes sejam apagados, percam sua existência e se confirmem como a ausência de conhecimento (ESTEBAN, 2001, p. 16-17).

Ou ainda aqueles que necessitam de um período de recuperação para dar conta das aprendizagens que não foram atingidas. A prática avaliativa tradicional, que insiste em permanecer em muitos espaços escolares traz para os dias atuais contradições entre o processo de ensino-aprendizagem e o processo avaliativo efetivo que contribui para uma aprendizagem significativa aos alunos. Esperando que todos os alunos aprendam ao mesmo tempo e da mesma forma os conteúdos ensinados pelo professor. Perrenoud (1999) nos traz essa ideia da quantidade de alunos por sala, quando diz

> [...] verdadeiros obstáculos provêm, antes, da rigidez no horário escolar, no programa, nas regras, nos valores e nas representações dos agentes. Mais que o número de aprendizes, são as normas da organização que obrigam a oferecer constantemente a mesma coisa a todos, mesmo quando for inútil (PERRENOUD, 1999, p. 149).

Sabendo que essas regras descritas por Perrenoud (1999) estão consolidadas no processo educacional há muito anos e que precisam de tempo para ser modificadas a fim de romper com uma lógica tradicional de ensino é necessário que existam outras formas de auxiliar os alunos em suas aprendizagens. Por exemplo, se a turma possui um grande número de alunos e isso torna difícil o professor conseguir um atendimento mais individualizado, compreendendo os avanços e as dificuldades dos alunos quanto aos conteúdos ensinados.

O professor pode organizar a turma em grupos, nos quais haverá uma discussão e ampliação de conhecimentos entre os alunos, pois cada um possui seu tempo/ritmo para aprender e assim uns podem auxiliar os outros, tirando a centralidade do saber atrelado unicamente ao professor. Porém, isso não quer dizer que o trabalho do professor deixará de ter importância, ao contrário, o professor se tornará ainda mais presente nos grupos de alunos, servindo como um mediador das aprendizagens.

A Figura 3 sugere o entendimento de uma avaliação normativa que determina como deverão "sair" os alunos no final de um processo educacional e para isso há necessidade de uma avaliação que classifique e exclua aqueles que não se enquadram na norma estabelecida pela escola.

Figura 3. Caricatura sobre o clipe "Another brick in the wall" do Pink Floyd.
Fonte: Morales Quintero (2011).

No entanto, a educação é um processo evolutivo e com isso a avaliação também necessita encontrar outras formas de avaliar, que respeite as singularidades e valorize os direitos de aprendizagens dos alunos.

O processo evolutivo da avaliação escolar

Acompanhando o processo de evolução do processo de ensino-aprendizagem há necessidade de rever a avaliação escolar e como ela se coloca frente às transformações educacionais.

Sendo assim, há necessidade da avaliação ultrapassar a ideia de medir a aquisição dos conteúdos para uma reflexão permanente, devendo a avaliação ser vista como um processo de análise e reflexão da realidade a fim de transforma-la. Sobre essa ideia Perrenoud (1999) nos diz que,

> A característica constante das práticas avaliativas é submeter regularmente o conjunto dos alunos a provas que evidenciam uma distribuição dos desempenhos, portanto de bons e maus desempenhos, senão de bons e maus alunos. Às vezes, diz-se que essa avaliação é normativa, no sentido de criar distribuição normal [...] os desempenhos de alguns que definem em relação aos desempenhos dos outros mais do que aos domínios almejados ou a objetivos. (PERRENOUD, 1999, p. 66).

Perrenoud (1999) nos auxilia na compreensão de que as avaliações não devem servir para "comparar" os conhecimentos entre os alunos, definindo aqueles que sabem daqueles que não sabem, ou seja, entre os bons e os maus alunos. Mais do que isso a avaliação deve servir para acompanhar o desenvolvimento/aprendizagem dos alunos no sentido de auxiliar a avançar em seus conhecimentos.

Nesse viés, podemos citar a avaliação emancipatória, que valoriza a participação dos alunos em seu processo de aprendizagem. Saul (1995) caracteriza a avaliação emancipatória

> [...] como um processo de descrição, análise e crítica de uma dada realidade, visando transformá-la. [...] Está situada numa vertente político--pedagógica cujo interesse primordial é emancipador, ou seja, libertador, visando provocar a crítica, de modo a libertar o sujeito de condicionamentos deterministas. O compromisso primordial desta avaliação é o de fazer com que as pessoas direta ou indiretamente envolvidas em uma ação educacional escrevam a sua 'própria história' e gerem suas próprias alternativas de ação. (SAUL, 1995, p. 61).

De acordo com o seu próprio nome essa avaliação deve promover a emancipação, a criticidade e a libertação de verdades, por vezes, inquestionáveis daquilo que é visto como certo ou errado na educação.

No entanto, há necessidade de que a avaliação emancipatória seja permeada pelo diálogo entre todos os sujeitos envolvido, sendo que cada um tenham o direito de se manifestar na construção da sua própria aprendizagem. Ou seja, uma avaliação emancipatória somente pode acontecer caso o processo educacional esteja comprometido com a construção de um sujeito crítico, consciente e participativo.

Nesse mesmo viés, Perrenoud (1999) aborda a questão sistêmica e desmobilizadora do processo educacional. No qual, não há possibilidade de mudança na avaliação sem haver transformações em todo o sistema educacional. Ou seja, torna-se necessário pensar em um conjunto sistêmico de transformações como: na formação dos professores, nas práticas pedagógicas, na organização dos currículos e das turmas entre outros importantes elementos que fazem parte e constituem um processo avaliativo.

Exemplo

Quando a escola é de vidro é uma obra de Ruth Rocha que traz uma importante reflexão sobre a escola e suas transformações inclusive no que diz respeito a prática da avaliação da aprendizagem.

Quando a escola é de vidro
Ruth Rocha
Ilustrações de Walter Ono

Fonte: Leinat (2013).

Exercícios

1. "A característica constante de todas essas práticas é submeter regularmente o conjunto dos alunos a provas que evidenciam uma distribuição dos desempenhos, portanto de bons e maus desempenhos, senão de bons e maus alunos" (PERRENOUD, 1999, p. 66). Marque a alternativa que apresenta a fala de uma professora que mais se aproxima do que a avaliação precisa se transformar após a mudança debatida nesta unidade.

a) "Como posso avaliar conjuntamente a turma inteira se a aprendizagem ocorre individualmente para cada sujeito?"

b) "É muito importante aplicar uma pequena prova objetiva a cada unidade estudada, pois assim saberemos com certeza como

foi a aprendizagem dos alunos."
c) A única pessoa que deve avaliar alguma coisa em uma sala de aula é o professor, pois é ele quem sabe o conteúdo.
d) Uma prova apenas aplicada ao final do semestre é o motivo do fracasso escolar de muitos alunos, pois as provas devem ser divididas ao final dos ciclos e serem o meio mais importante de avaliação.
e) A aplicação de uma prova é uma avaliação individualizada dos alunos, buscando saber como está sendo realizada sua aprendizagem.

2. A dificuldade em modificar a avaliação é uma discussão feita por Perrenoud em seu livro Avaliação: da excelência à regulação das aprendizagens. Atualmente, a maior dificuldade em modificar a forma de avaliar se deve ao fato de que:
a) Os professores acreditam que modificando a forma como avaliam, estariam modificando também as demais práticas e funcionamento da escola.
b) Os governantes não querem modificar a forma como avaliam, pois isso impediria a aplicação de avaliações externas, tão importantes em campanhas políticas eleitorais.
c) Os alunos e seus pais não aceitam modificar a avaliação, pois assim não teriam notas a serem comparadas com seus colegas.
d) Os professores acreditam que a avaliação tradicional seja a melhor saída para a verificação da aprendizagem de seus alunos.
e) A aplicação de uma prova ao aluno determina com bastante exatidão o conhecimento adquirido por ele durante as aulas em que esteve presente e não há, assim, motivo para modificar tal lógica.

3. Quando solicitamos a uma criança que nos conte como foi seu dia na escola, filhos, afilhados, sobrinhos, todos se atêm mais demoradamente nas atividades realizadas do que no conteúdo explicado pelo professor, por exemplo. As atividades, muitas vezes avaliativas (podendo não ser no sentido de notas, mas feitas sob a observação de um professor), têm um lugar importante nos relatos e na vivência escolar. Essa importância dada à avaliação ocorre devido:
a) À importância real que ela tem, pois é ela que determina o andamento do aluno e indica se está aprendendo ou não.
b) Às crianças perceberem a importância dada à avaliação e contarem sobre as atividades porque sabem que ao perguntarem sobre seu dia na escola, os adultos querem saber apenas sobre as avaliações realizadas.
c) À avaliação ser interdependente de todos os processos que ocorrem em sala de aula, ela está na centralidade do processo educacional devido à vivência interdependente que possui com os demais aspectos da educação.
d) Às práticas de avaliação permanecerem ocorrendo mesmo depois que saímos da escola, o que dá a este item uma importância maior, percebida

inclusive por crianças.
e) À avaliação ser o vínculo que mantém os pais atrelados à escola. É pela avaliação que os pais ficam sabendo de tudo o que está ocorrendo na vida escolar de seus filhos.

4. "Mais do que o número de aprendizes, são as normas da organização que obrigam a oferecer constantemente a mesma coisa a todos, mesmo quando for inútil." (PERRENOUD, 1999, p. 149) Porque as normas da organização escolar interferem tão fortemente na avaliação formativa da aprendizagem? Todas as assertivas abaixo estão corretas, EXCETO.

a) Uma avaliação formativa mobiliza muito mais do professor do que aplicar e corrigir uma avaliação, é necessário uma mudança de rota pedagógica caso seja identificada tal necessidade.
b) Uma avaliação formativa requer uma regulação individualizada das aprendizagens, considerando mudanças de ritmo e da gestão da sala de aula para atender aos alunos que apresentam dificuldade.
c) A rigidez do horário escolar, do programa de ensino, das regras internas da escola, os valores e as representações que temos dos atores que estão envolvidos no processo de ensino e aprendizagem são obstáculos para a implementação de uma avaliação formativa.
d) Com o ranqueamento das notas dos alunos, o professor consegue identificar quem precisa ficar retido para repetir o ano novamente, todo o conhecimento que não foi adquirido e quem pode ser promovido ao próximo ano.
e) No ensino secundário, outras dificuldades aparecem para a avaliação formativa: a fragmentação do tempo escolar é apenas uma das dificuldades enfrentadas por aquele professor que deseja implantar a avaliação formativa.

5. Perrenoud (1999) trata das mudanças necessárias na avaliação frente aos processos de ensino e aprendizagem que também estão em constante mudança e, em trecho, nos deixa um questionamento: "Mudar a avaliação para mudar a pedagogia?" e, posteriormente, nos deixa mais uma questão "A abordagem sistêmica pode ser desmobilizadora?". Com base em toda a reflexão realizada a partir das leituras propostas e do seu conhecimento marque a alternativa CORRETA.

a) Visando realizar uma abordagem sistêmica, verificamos que a única possibilidade de mudar radicalmente as práticas de avaliação é não fazendo nenhuma mudança na profissão do professor e na organização escolar.
b) Um dos caminhos que temos em relação aos passos necessários às mudanças na avaliação da aprendizagem é a necessidade da competição entre professores de uma mesma equipe pedagógica.
c) Buscando a mudança na prática avaliativa, percebe-se a não necessidade de opor-se aos

modelos preestabelecidos na educação, como a didática, a relação entre professores e alunos, a organização das turmas e do curso, a seleção, entre outros aspectos. Estes não precisam ser afetados para que ocorra a mudança na avaliação.

d) Outro caminho a ser seguido, visando às mudanças na avaliação da aprendizagem é a necessidade da mudança do funcionamento dos estabelecimentos de ensino no sentido de apresentarem uma autoridade negociada, projetos e autonomia, tudo resultado de uma real responsabilidade.

e) Uma avaliação mais formativa, que dê mais credibilidade à classificação e menos à regulação das aprendizagens, seja mais condizente com as didáticas inovadoras. A avaliação tradicional é, pois, uma âncora importante, que atrasa ou chega a impedir qualquer tipo de mudança.

Referências

AVALIAÇÃO FORMATIVA. *Avaliação ao longo da história: breve histórico.* [201-?]. Disponível em: <http://www.educacaopublica.rj.gov.br/oficinas/ed_ciencias/avaliacao/avaliacao_historia.html>. Acesso em: 04 set. 2017.

BERNARDO, T. *Desigualdades escolares e desigualdades sociais.* 14 dez. 2014. Disponível em: <http://pedagogathamires.blogspot.com.br/2014/12/desigualdades-escolares--e-desigualdades.html>. Acesso em: 04 set. 2017.

ESTEBAN, M. T. (Org.). *Avaliação*: uma prática em busca de novos sentidos. 3. ed. Rio de Janeiro: DP&A, 2001.

HOFFMANN, J. M. L. *Avaliação mediadora:* uma prática em construção da pré-escola à Universidade. Porto Alegre: Mediação, 1996.

LEINAT, A. P. *Quando a escola é de vidro, de Ruth Rocha.* 28 fev. 2013. Disponível em: <http://alfabetizacaocefaproponteselacerda.blogspot.com.br/2013/02/quando--escola-e-de-vidro.html>. Acesso em: 04 set. 2017.

MORALES QUINTERO, L. F. *Caricatura sobre el video de Pink Floyd*: another brick in the wall. 23 out. 2011. Disponível em: <http://licluismorales.blogspot.com.br/2011/10/caricatura-sobre-el-video-de-pink-floyd.html>. Acesso em: 04 set. 2017.

NUNES, T. *Avaliação formativa*: conceitos e prática. 21 dez. 2016. Disponível em: <http://pontobiologia.com.br/avaliacao-formativa/>. Acesso em: 04 set. 2017.

PERRENOUD, P. *Avaliação:* da excelência à regulação das aprendizagens: entre duas lógicas. Porto Alegre: Artmed, 1999.

SAUL, A. M. *Avaliação emancipatória*: desafio a teoria e a pratica da avaliação e reformulação de currículo. São Paulo: Cortez, 2000.

UNIVERSITY OF CHICAGO PHOTOGRAPHIC ARCHIVE. *Tyler, Ralph W.*, apf1-08408. Special Collections Research Center. Chicago: University of Chicago Library, [2017]. Disponível em: <http://photoarchive.lib.uchicago.edu/db.xqy?one=apf1-08408.xml>. Acesso em: 08 set. 2017.

Leituras recomendadas

ALVAREZ MENDES, J. M. *Avaliar para conhecer, examinar para excluir*. Porto Alegre: Artmed, 2002.

FREIRE, P. *Educação e mudança*. Rio de Janeiro: Paz e Terra, 1979.

Para que servem os resultados das avaliações e como fornecer *feedbacks* aos alunos

Objetivos de aprendizagem

Ao final deste texto, você deve apresentar os seguintes aprendizados:

- Reconhecer o impacto dos resultados das avaliações e dos *feedbacks* sobre os alunos.
- Debater acerca das diferenças entre resultados de avaliações e *feedbacks* e suas diferentes formas de fornecimento.
- Identificar as diferentes nuances, peculiaridades e modalidades de avaliação da aprendizagem, considerando os resultados e *feedbacks* que devem ser dados aos alunos.

Introdução

Neste capítulo, trabalharemos com os resultados das avaliações e como o professor pode (e deve) fornecer o *feedback* aos alunos. Será que apenas entregar a prova que o aluno fez com sua nota é uma solução? A correção da prova se restringe a atribuir uma nota a ela? A avaliação é restrita também às notas de provas e trabalhos realizados? Vamos debater e aprender!

Os resultados das avaliações e os *feedbacks* aos alunos

A avaliação escolar é um importante instrumento da prática pedagógica, contribuindo para a construção do conhecimento e auxiliando no desenvolvimento da aprendizagem dos alunos.

Neste contexto, torna-se importante compreender a avaliação como um mecanismo que verifica as dificuldades e aprendizagens dos alunos através de um instrumento chamado *feedback*, que possibilita a compreensão de cada aluno frente aos ensinamentos dos componentes curriculares explorados pela escola.

O *feedback* realizado pelo professor deve ser entendido como forma de promover a aprendizagem dos alunos, na aprendizagem dos componentes curriculares, bem como, na preparação dos indivíduos para atitudes de cidadania (MOUTA; NASCIMENTO, 2008).

O *feedback* (Figura 1) deve ser sempre visto como um retorno construtivo ao aluno para que tome o conhecimento da sua aprendizagem e retome os ensinamentos que não ficaram claros e que devem ser revistos entre alunos e professores.

Por isso, se deve ter cuidado com a entrega dos *feedbacks*, pois o aluno deverá utilizá-lo para aprimorar seu conhecimento e não para apontar seus aspectos negativos. Segundo Lück (2010):

> O *feedback* revela o que se espera da pessoa, orienta o seu desempenho, reforçando o que deva ser reforçado,[...] apontando aspectos de devem ser substituídos, alterados ou eliminados. Dessa forma, constitui-se em um processo sem o qual não se realiza de forma clara a orientação do trabalho pedagógico e a aprendizagem. Sem a capacidade de dar *feedback* os gestores não promovem a aprendizagem (LÜCK, 2010, p. 119).

O *feedback* ao ser entregue pelo professor ao aluno deve servir para superar suas dificuldades, destacando sempre o que de positivo o aluno alcançou em seu processo de aprendizagem na escola.

O *feedback* não deve se limitar à correção de uma prova, mas deve ser um instrumento dinâmico de acompanhamento do professor ao desenvolvimento da aprendizagem do aluno, permeado pela relação de confiança e respeito entre as partes.

> **Fique atento**
>
> *Feedback* é uma palavra que tem origem no idioma inglês, formada pela junção dos termos *feed* e *back*. O termo *feed* pode ser traduzido como "alimentação/alimentar" e *back* como "de volta". Assim, do idioma inglês essa palavra pode ser compreendida como **realimentar, responder, retorno, reação.**
> Assim, *feedback* pode ser compreendido como a forma como se reage à alguma coisa, **a resposta que se dá** a uma questão, uma opinião emitida diante de uma situação, proposta, posição, enfim.
> No Brasil, a palavra *feedback* é usada especialmente em áreas do conhecimento como Comunicação, Psicologia, Administração de Empresas, Engenharia e, etc.
> *Fonte:* SignificadosBr (2017).

Os resultados das avaliações e seus *feedbacks*

O professor ao entregar as avaliações aos seus alunos deve apresentar junto a elas uma contribuição a fim de auxiliá-los no desenvolvimento e qualificação de suas aprendizagens. Pois, apenas realizar a entrega das avaliações aos alunos sem nenhum retorno daquilo que foi aprendido ou do que ainda necessita ser revisto não contribui para a qualificação da aprendizagem.

Os retornos oferecidos como devolutiva dos resultados das avaliações recebem o nome de *feedbacks* e podem ser apresentados de duas formas:

- *Feedback* Informal: realizado com frequência, geralmente todos os dias, por meio de uma conversa informal ou até mesmo por gestos, que possam acompanhar e orientar as ações de atitudes, comportamentos e aprendizagens dos alunos.
- *Feedbacks* Formais: feito pelo professor, em geral, consta na devolutiva de provas e trabalhos por meio de anotações/registros em trabalhos e provas com metas estabelecidas para que os alunos avancem em suas aprendizagens.

Os *feedbacks* são tão importantes quanto a sua forma da entrega, pois se relacionam diretamente com os resultados positivos almejados.

Por isso, devem apresentar características objetivas, claras, consistentes e eficientes que irão auxiliar os alunos em suas aprendizagens.

Para Williams (2005, p. 19), o *"Feedback* é importante para todos nós. É a base de todas as relações interpessoais. É o que determina como as pessoas pensam, como se sentem, como reagem aos outros". Desta forma, este capítulo apresenta algumas dicas acerca da entrega dos *Feedbacks*:

- Os *feedbacks* devem ser entregues aos alunos logo após a correção das tarefas, pois assim poderão ter mais condições de sanar as dificuldades encontradas na aprendizagem dos conteúdos.
- Todo *feedback* deve ser "educativo", ou seja, deve apontar os erros dos alunos apresentando alternativas para solucioná-los, bem como, apontar os acertos parabenizando os alunos pelo seu bom desempenho.
- É importante que os *feedbacks* sejam relacionados exatamente aos conteúdos que devem ser revistos/retomados pelos alunos.
- A empatia é um fator fundamental, que deve existir nos *feedbacks*, ou seja, há necessidade do professor se colocar no lugar dos alunos a fim de que ele compreenda o porquê o aluno cometeu erros.
- Em nenhum momento o professor deve utilizar palavras depreciativas nos *feedbacks* fornecidos aos alunos.
- O *feedback* deve ser compreendido como um check-in, que deve ser realizado com periodicidade para que os resultados sejam ainda melhores em suas aprendizagens.
- É importante dar o retorno das avaliações no início das aulas a fim de que os alunos possam retomar junto aos professores as dificuldades encontradas em seu processo de aprendizagem.
- Criar o hábito de realizar anotações junto aos *feedbacks*, propondo aos alunos alternativas para qualificar às aprendizagens.
- Não crie competitividade desnecessária entre os alunos, pois isso pode fazer com que algum deles fique intimidado frente aos seus colegas.

Saiba mais

Como dar aos alunos um *feedback* com qualidade?
A qualidade de um *feedback* está intimamente relacionada à preparação de um contexto adequado a fim de que os alunos possam fazer uso desse retorno sobre sua aprendizagem utilizando-o de maneira a evoluir em seus conhecimentos.
Um *feedback* deve ser sempre positivo e de forma alguma deve fazer o uso de palavras depreciativas no desempenho dos alunos.

As diferentes formas de avaliações e seus *feedbacks*

Em um processo de ensino-aprendizagem as avaliações devem ser realizadas de diversas formas, a fim de que possam contribuir para identificar as aprendizagens dos alunos e como os professores podem estar agindo/contribuindo no desenvolvimento dos alunos.

Um ou dois instrumentos apenas de avaliação geralmente não são suficientes e/ou adequados para que se possa identificar a aprendizagem.

De acordo com Gadotti (1990) a avaliação é algo inerente à educação, ou seja, sua presença no dia a dia da escola é essencial e pode ser evidenciada a partir de vários instrumentos utilizados pelo professor, como as observações, os trabalhos em grupo, os testes e as provas, entre outros.

Este capítulo apresenta alguns tipos de instrumentos de avaliações das aprendizagens comuns nas escolas e seus *feedbacks*:

- Observação: a observação atenta do professor é um instrumento fundamental de avaliação realizado por ele, no qual o aluno demonstra seu conhecimento sobre os componentes curriculares estudados. A observação oportuniza o professor a conhecer melhor seus alunos. Esse tipo de avaliação requer um *feedback* oral, ou seja, o professor deve conversar com os alunos retomando seu processo de ensino-aprendizagem. Também serve para que o professor avalie sua prática pedagógica.
- Trabalhos em grupo: os trabalhos em grup (Figura 2) podem ser considerados um instrumento de avaliação em que as tarefas são realizadas por um número determinado de alunos que devem decidir em conjunto como e o que deve ser eleito importante em um trabalho realizado em grupo.

Torna-se importante destacar que um trabalho em grupo deve ser realizado com a participação de todos os integrantes do grupo. O professor deve realizar um *feedback* do trabalho realizado pelo grupo, dando orientações de como os alunos podem evoluir nas próximas ações coletivas.

Também há necessidade do professor compreender como se deu a participação de cada um dos membros do grupo, retomando com cada aluno seus avanços e desafios de aprendizagens que devem ser superadas (Figura 1).

Figura 1. Grupo de alunos.
Fonte: Pressmaster/Shutterstock.com

- Testes/Provas Dissertativas: as provas dissertativas configuram-se como um instrumento de avaliação que exige a compreensão e a capacidade do aluno em estabelecer relações dos componentes curriculares estudados em aula. Assim, os alunos devem analisar, sintetizar e formular ideias descrevendo o que foi estudado em aula.

O instrumento de avaliação "prova dissertativa" merece um *feedback*, que favoreça ao aluno compreender seu rendimento acerca do conteúdo trabalhado, bem como, rever quais as dificuldades que necessitam ser retomadas.

Assim, não adianta o professor apenas entregar a prova dissertativa com indicações de certo ou errado. Há a necessidade de um *feedback* que auxilie o aluno a avançar em suas hipóteses e aprendizagens.

Este *feedback* pode ser realizado de forma oral onde o professor chama os alunos individualmente para retomar o resultado da prova, ou seja, os erros e acertos dos alunos a fim de que este revise e progrida em seu aprendizado. Também o professor pode deixar indicações, (recados junto à prova) aos alunos para que possam contribuir com a retomada dos conteúdos ensinados auxiliando para a compreensão do que já foi aprendido e o que há necessidade de ser retomado.

- Testes/Provas Objetivas: as provas objetivas caracterizam-se como um instrumento de avaliação que consiste em perguntas diretas e objetivas, apresentando apenas uma solução possível como verdadeira, sendo representadas por questões de múltipla escolha ou de certo e errado.

Este instrumento de avaliação representa certa fragilidade quanto à compreensão sobre a aprendizagem dos alunos, pois muitas vezes o aluno por não ter certeza das respostas acaba por escolher aleatoriamente uma das alternativas sem ter o entendimento do conteúdo da questão. Assim, o aluno pode acertar a questão sem que tenha compreendido o conteúdo. Ou seja, o aluno "chuta" a questão podendo errar ou acertar (Figura 2).

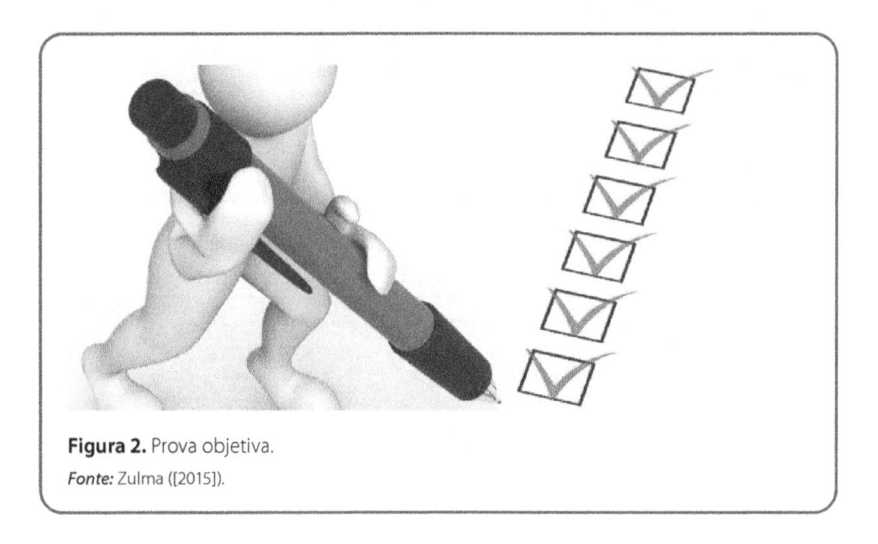

Figura 2. Prova objetiva.
Fonte: Zulma ([2015]).

Nas provas objetivas, há necessidade da realização de um *feedback* que auxilie os alunos na compreensão dos conteúdos. No entanto, recomenda-se que este *feedback* possa ser realizado contando com a retomada da prova objetiva. Ou seja, leitura da prova e escolha das respostas corretas. Há grande recorrência neste tipo de avaliação de uma demonstração de resultados que não seja de acordo com a aprendizagem das crianças, devido à forma como ela se apresenta.

Todo *feedback* deve servir para retroalimentar a prática pedagógica do professor (ver Figura 3).

Figura 3. *Feedback* ao grupo de alunos.
Fonte: Monkey Business Images/Shutterstock.com

Exemplo

Inicie sempre um *feedback* trazendo aspectos positivos aos alunos. Nunca comece um *feedback* apontando o que é negativo ou errado. Valorize em primeiro lugar as aprendizagens dos alunos.

Fonte: turgaygundogdu/Shutterstock.com

Exercícios

1. Em alguns momentos de uma aula ou do período letivo, podemos inconscientemente "podar" ou subestimar a participação dos alunos. Porém, a participação deles é fundamental no processo de aprendizagem, pois muitas vezes quando o aluno faz alguma interferência (ou mesmo quando não a faz) é que a professora tem a possibilidade de verificar como está a aprendizagem e quais as regulações necessárias. Leia as afirmativas a seguir e marque V (caso verdadeira) e F (caso falsa), para as atitudes que condizem com a promoção da participação e para a busca de resultados positivos das avaliações:

   ( ) A professora oferece *feedback* informal e não verbal quando um aluno faz algum questionamento acerca do que ela acabou de explicar em sala de aula. A professora permanece em silêncio, apenas movimentando a cabeça negativamente, informando ao aluno que ele precisa se esforçar mais.

   ( ) A professora informa que os alunos deverão realizar um trabalho em grupo, faz a divisão dos temas entre os grupos, previamente e espontaneamente formados em sala de aula, e não faz nenhuma proposta de organização interna dos grupos, deixando esta tarefa para os alunos.

   ( ) A professora pontua todas as atividades realizadas em sala de aula ou extraclasse com uma nota significativa para a avaliação final. Ela compreende que, ao realizar tal ação, está auxiliando os alunos que querem ser aprovados e que tendem a copiar dos colegas que fazem as melhores atividades.

   Agora, marque a sequência CORRETA:
   a) F - F - F.
   b) V - V - V.
   c) F - V - F.
   d) F - F - V.
   e) V - F - F.

2. "A condição necessária para que os alunos aprendam a regular suas ideias e práticas é a mudança no status do erro. De algo que se tem de esconder, deve passar a ser algo totalmente normal e positivo em qualquer processo de aprendizagem. Aprende-se porque nossas ideias, nossos procedimentos e nossas atitudes podem evoluir." (SANMARTÍ, 2009, p. 44)
   Em qual das situações descritas a seguir, o professor não está modificando o status do erro junto aos alunos?
   a) O aluno não fez a atividade extraclasse na data marcada, o professor o pune tirando pontos, mas solicita que ele traga a atividade feita para a próxima aula.
   b) Os alunos são solicitados a fazer um trabalho em grupo e, ao apresentar este trabalho oralmente para a turma, um dos alunos comete um erro conceitual. O professor

interrompe a explicação do aluno e questiona outro aluno do grupo sobre o conceito que foi descrito erradamente, solicitando que ele o explique.

c) Após a aplicação da prova final, a professora a corrige e percebe que mais da metade da turma não tirou boas notas, ou seja, não fizeram uma "boa prova". A professora devolve a prova com as questões erradas marcadas com um "x" e a nota na primeira página.

d) A professora faz uma pergunta em sala de aula durante a explicação de uma matéria, solicita aos alunos que respondam acerca de algo que foi dito há poucos minutos, um aluno responde apressadamente e de maneira incorreta, ela o informa que a resposta está errada e pede nova resposta.

e) A professora, às vezes, quando acredita que os alunos não sabem qual a forma correta de redigir alguma palavra, dita-a para que copiem em seus cadernos.

3. "Geralmente, o 'erro' tende a ser considerado na escola como algo negativo, algo que os alunos aprendem a esconder para não serem punidos. Todavia, o erro é o ponto de partida para aprender." (SANMARTÍ, 2009, p. 41)
Das alternativas a seguir todas elucidam sobre o papel do erro no processo de aprendizagem, EXCETO:

a) Cada pessoa constrói suas próprias ideias a partir de suas percepções e das interações com outros; para chegar à aprendizagem, a superação de obstáculos é um aspecto necessário.

b) O erro objetiva informar ao professor quais alunos e o que eles ainda não conseguiram aprender. A depender da quantidade e da qualidade destes erros cometidos pelos alunos, eles precisam ser imediatamente retidos na série em que estão e só poderão avançar quando não cometerem mais erros.

c) Os jovens aprendem reconstruindo os conhecimentos dos adultos, e não repetindo-os. Os "erros" são algo normal necessários para tal reconstrução.

d) Os estudantes que têm êxito na escola caracterizam-se por sua capacidade de identificar erros e corrigi-los.

e) É necessário possibilitar que todos os estudantes expressem suas ideias e as discutam sem temor, sejam errôneas ou não.

4. "O erro é útil'. Convém estimular sua expressão para que se possa verificar, compreender e favorecer sua regulação." Sanmartí (2009, p. 39) inicia o capítulo em que trata do erro como útil para a regulação da aprendizagem com esta frase, que nos permite refletir sobre o estímulo ao erro como um verificador da aprendizagem dos alunos e favorecedor da regulação da aprendizagem. O erro pode (e deve) ser apontado de diversas maneiras para os alunos. Sendo assim, marque a alternativa que indica CORRETAMENTE as ações de apontamento de erros

que mais possibilitam a regulação da aprendizagem.
a) Chamar a atenção em sala de aula por todo comportamento inadequado e pontuar toda e qualquer atividade realizada dentro e fora de sala.
b) Deixar alunos mal comportados sem intervalo e dar boas notas para aqueles que acertam as perguntas feitas em sala de aula.
c) Manifestar-se contrariamente aos alunos que apresentam ideais políticos diferentes dos que o professor acredita serem os corretos.
d) Ao corrigir uma prova, o professor precisa apontar ao aluno o que foi respondido ou realizado errado, e não sumariamente apontar uma nota para o trabalho (ou prova) sem a possibilidade de identificação pelo aluno de seus erros ou melhorias possíveis.
e) Fazer cara feia e se calar a qualquer aluno que lhe diga algum disparate ou faça questionamentos já respondidos antes.

5. A todo o momento estamos dando *feedback* acerca de informações ou questionamentos que chegam até nós. Expressões faciais, comentários, reações a perguntas feitas pelos alunos e respostas dadas são alguns exemplos.
Nas afirmativas a seguir, indique com V (caso verdadeira) e F (caso falsa) sobre o *feedback* e os resultados das avaliações para os alunos.
( ) Receber *feedback* pode impactar diretamente na motivação dos alunos; nos seus sentimentos sobre a própria aprendizagem e capacidade; sobre como, quando e onde devem compartilhar o que pensam e o que sentem e, obviamente, impactar diretamente no futuro desses alunos.
( ) Os *feedbacks* informais normalmente são fornecidos por notas, escores, conceitos e comentários escritos que os professores dão durante a "correção" dos trabalhos dos alunos.
( ) A correção de um trabalho ou de uma prova é mais do que a atribuição de pontos ao aluno; a correção deve informar onde e por que errou, como pode melhorar seu desempenho e também onde acertou.

Agora, marque a sequência CORRETA:
a) V - V - V.
b) F - F - V.
c) V - F - V.
d) V - F - F.
e) F - V - V.

Referências

GADOTTI, M. *Pensamento pedagógico brasileiro*. São Paulo: Ática, 1990.

LÜCK, H. *Liderança em gestão escolar*. Petrópolis, RJ: Vozes, 2010.

MOUTA, A.; NASCIMENTO, I. Os (novos) interlocutores no desenvolvimento vocacional de jovens: Uma experiência de consultoria a professores. *Revista Brasileira de Orientação Profissional*, Florianópolis, v. 9, n. 1, p. 87-101, 2008. Disponível: <http://pepsic.bvsalud.org/pdf/rbop/v9n1/v9n1a08.pdf>. Acesso em: 03 ago. 2017.

SANMARTÍ, Neus. *O mais importante é aprender a se autoavaliar*. In:_____. Avaliar para aprender. Porto Alegre: Artmed, 2009, p.49-57.

SIGNIFICADOSBR. *O que é feedback?*. 2017. Disponível em: <https://www.significadosbr.com.br/feedback>. Acesso em: 20 set. 2017.

WILLIAMS, R. L. *Preciso saber se estou indo bem*: uma história sobre a importância de dar e receber feedback. Rio de Janeiro: Sextante, 2005.

ZULMA, R. *Provas objetivas e gabaritos*: TRT16 e TRT15 (2015). [2015]. Disponível em: <http://informativostst.blogspot.com.br/2015/10/provas-objetivas-e-gabaritos-trt16-e.html>. Acesso em: 20 set. 2017.

Leitura recomendada

ALVARÉZ-MÉNDEZ, J. M. *Avaliar para conhecer, examinar para excluir*. Porto: Edições ASA, 2002.

UNIDADE 2

Introdução às modalidades de avaliação: diagnóstica, formativa e somativa

Objetivos de aprendizagem

Ao final deste texto, você deve apresentar os seguintes aprendizados:

- Discutir acerca das três modalidades de avaliação: diagnóstica, formativa e somativa.
- Identificar conceitos como instrumentos ou métodos de coleta de evidências.
- Conhecer, na prática, o que significa cada uma dessas modalidades.

Introdução

Neste capítulo, faremos uma pequena introdução sobre as diferentes modalidades de avaliação: avaliações diagnósticas ou iniciais, formativa ou instrucional e somativa. Cada modalidade de avaliação aqui apresentada ocorre com suas ferramentas, instrumentos, foco, objetivo e tempo específico e são estas questões que serão analisadas.

Modalidades de avaliações

A avaliação escolar tem por objetivo principal acompanhar o aprendizado dos alunos na escola, bem como, oferecer condições para o aperfeiçoamento do trabalho pedagógico do professor. A avaliação deve servir para repensar/replanejar a prática pedagógica, contribuindo com ações que possam aprimorar e apresentar melhores condições ao ensino-aprendizagem dos alunos.

Os estudos de Bloom (1983) classificaram a avaliação em três diferentes tipos (Figura 1):

- Avaliação diagnóstica;
- Avaliação formativa;
- Avaliação somativa;

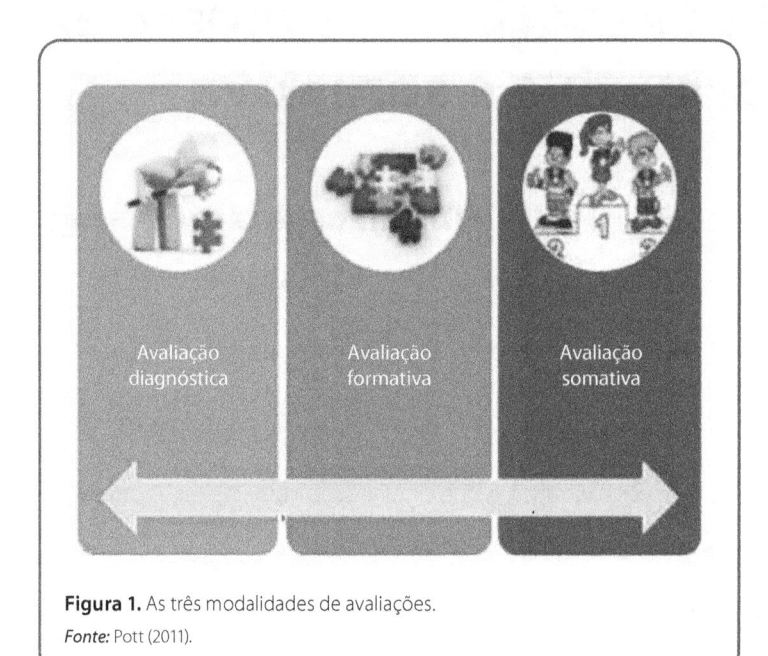

Figura 1. As três modalidades de avaliações.
Fonte: Pott (2011).

Avaliação diagnóstica

A avaliação diagnóstica é aquela que permite averiguar o processo de aprendizagem dos alunos. Por isso, ocorre geralmente no início de cada ano letivo, ciclo ou período, verificando quais as aprendizagens, bem como, quais dificuldades dos alunos de acordo com os conteúdos trabalhados no ano ou ciclo anterior.

O aspecto preventivo é uma das suas principais características. Ou seja, ao prever as dificuldades dos alunos com relação a determinados conteúdos, os professores podem, desde o início das atividades escolares, retomar o que não foi aprendido, oferecendo aos alunos condições para que avancem em suas aprendizagens.

Avaliação formativa

Ao contrário da avaliação diagnóstica, que é realizada no início de cada ano, ciclo ou período da vida escolar dos alunos, a avaliação formativa é realizada de forma contínua na escola. Ou seja, é por meio da avaliação formativa que o professor acompanha o processo de aprendizagem dos alunos durante o período deles na escola.

A Figura 2 ilustra a avaliação formativa, na qual o professor dialoga sobre o desempenho dos alunos, buscando alternativas possíveis para qualificar a aprendizagem dos alunos.

Figura 2. Avaliação formativa.
Fonte: Escola Municipal Genair Ramos Gabriel (2011).

A avaliação formativa se distancia da ideia de classificação, seleção ou medição do saber dos alunos para acompanhar e orientar seu percurso educativo na escola.

De acordo com Allal a avaliação formativa é aquela que:

> [...] visa orientar o aluno quanto ao trabalho escolar, procurando localizar as suas dificuldades para o ajudar a descobrir os processos que lhe permitirão progredir na sua aprendizagem [...] A avaliação formativa se distingue ainda da avaliação de diagnóstico por uma conotação menos

patológica, não considerando o aluno como um caso a tratar, considera os erros como normais e característicos de um determinado nível de desenvolvimento na aprendizagem. (ALLAL,1986, p. 14).

Então, a avaliação formativa é como uma ação contínua que está intimamente ligada ao trabalho do professor, ou seja, sua prática docente e que serve como acompanhamento das aprendizagens dos alunos, assumindo uma função informativa tanto para professores como para alunos.

Avaliação somativa

Ao contrário da avaliação diagnóstica que acontece no início de cada ano letivo, semestre, bimestre ou ciclo, a avaliação somativa ocorre no final desses períodos. Assim, a avaliação somativa é aquela que tem por função selecionar os alunos como aptos ou não para ingressar em uma etapa mais avançada dos estudos. Por essa avaliação, os alunos são aprovados ou reprovados para o ano, série ou ciclo seguinte.

Traz como referência um sistema educacional formal, demonstrando o produto alcançado e não o processo realizado.

Figura 3. Aluno preocupado com suas notas.
Fonte: Rodrigues (2012).

A Figura 3 mostra a preocupação de um aluno realizando o somatório das suas notas no decorrer do ano letivo, procurando verificar se elas serão suficientes para sua aprovação.

A avaliação somativa serve para certificar, comparando os desempenhos dos alunos e selecionando aqueles que tiveram e os que não tiveram êxito no processo de ensino-aprendizagem. Segundo Azzi (2001):

> A avaliação que acontece ao final nos dá uma dimensão do significado e da relevância do trabalho realizado. Difundida nos meios educacionais com a denominação de somativa, é sempre associada à ideia de classificação, aprovação e reprovação. (AZZI, 2001, p. 19).

Segundo o autor, a avaliação somativa tem caráter definitivo, que apresenta produto final, quantificação do desempenho dos alunos, verificando ou não a aquisição de conhecimento dos alunos durante um período escolar.

A coleta de evidências em um processo avaliativo

Todo o processo avaliativo requer uma organização, que é constituída por métodos e instrumentos fundamentais para que se atinja o objetivo esperado, que é o acompanhamento efetivo do desenvolvimento e da aprendizagem dos alunos na escola, podendo ser representado pela observação, inquirição e testagem.

- **Observação:** a observação tem como característica a percepção dos fatos fundamentais para uma avaliação. Sendo assim, torna-se necessário definir "o quê?" e "para quê?" uma situação deverá ser observada. Hoffmann (2008, p. 64) traz o seguinte questionamento: "O que contempla o olhar do professor quando observa o aluno em atividade ou quando analisa suas tarefas?". É através da observação que o professor consegue perceber os avanços e as dificuldades de seus alunos. Para fazer uso da observação, o professor necessita de alguns instrumentos como blocos/cadernos de anotações, também, chamados de anedotários, bem como, fichas de acompanhamento com informações sobre o desempenho dos alunos. A observação é muito utilizada em uma avaliação diagnóstica.
- **Inquirição:** a inquirição apresenta como característica principal o questionamento. Para Hoffmann (2008), o ato de avaliar está essencialmente

ligado ao ato de questionar, sendo utilizado de forma recorrente na prática pedagógica do professor. Há um processo dialógico envolvido, no qual, o professor ao concluir a explicação de determinado conteúdo retoma com seus alunos se ficaram algumas dúvidas e o que precisa ser retomado, a fim de que possam compreender os conteúdos ensinados. Na inquirição, o questionário e a entrevista são dois instrumentos muito utilizados na modalidade de avaliação formativa.

- **Testagem:** a testagem é uma das formas mais utilizadas na escola para a coleta de informações relacionada ao desenvolvimento cognitivo dos alunos. Podemos classificar a testagem em dois tipos:
  - Testes/provas padronizados e desenvolvidos por especialistas e aplicados a grupos de alunos de determinada etapa da educação. Como exemplo de provas padronizadas, podemos citar as avaliações de larga escala elaboradas pelo Ministério da Educação e Cultura – MEC.
  - Testes/provas elaboradas pelos professores das turmas, tendo como objetivo acompanhar o desenvolvimento e a aprendizagem dos seus alunos. As testagens são muito utilizadas em uma avaliação somativa.

Modalidades de avaliações na prática

Cada modalidade de avaliação possui, na prática, seu objetivo específico, apresentando características próprias que identificam cada uma de forma singular. A seguir, cada modalidade de avaliação será ilustrada a partir das vivências da escola, a fim de que se possa compreender quando, como e o porquê de cada uma ser utilizada.

A avaliação diagnóstica não aceita a ideia do que o professor "acha" ou "imagina", que o seu aluno saiba. Na maioria das vezes, se dá no início de um ano letivo, de um ciclo ou período escolar. Sua principal função é diagnosticar, averiguar as aprendizagens dos alunos sobre determinados conteúdos, compreendendo o que aprenderam e o que necessita ser revisto, ou seja, quais pré-requisitos são necessários para que o aluno inicie os estudos de uma disciplina, ano, série e/ou ciclo.

Torna-se importante ressaltar que não há um modelo único de realizar uma avaliação diagnóstica, ela pode ser feita a partir de vários instrumentos de avaliação, como: observações e conversas com alunos, testes, provas, trabalhos em grupos, consultas aos históricos escolares entre outros.

A avaliação diagnóstica também dá conta de identificar o comportamento dos alunos e o que deve ser feito para que eles possam evoluir. Torna-se importante compreender que uma avaliação diagnóstica é aquela que verifica as aprendizagens dos alunos em um todo, nivelando o conhecimento como o único desejável para todos os alunos.

Avaliação formativa na prática

A avaliação formativa deve, na prática, ser realizada de forma contínua, podendo ser apresentada de várias formas, como: observação, anotações da professora sobre o desempenho de seus alunos, construção de documentos avaliativos como pareceres e portfólios que contam o percurso das aprendizagens dos alunos na escola.

Também testes, provas e relatórios poderão servir de instrumentos de avaliação formativa, no entanto, a devolutiva deles deve favorecer aos alunos para a retomada dos seus desafios de aprendizagem.

Desta forma, o *feedback* é visto como fundamental, pois irá retomar com os alunos suas dificuldades com relação a determinados conteúdos que deverão ser revistos/retomados. Torna-se necessário, que o professor tenha um olhar cuidadoso para as aprendizagens e conquistas de cada aluno, respeitando o tempo e o ritmo de cada um e incentivando que avancem em seus conhecimentos.

Caso o contrário, a avaliação não pode ser vista como formativa, mas apenas como uma avaliação diagnóstica.

Avaliação somativa na prática

Na prática, a avaliação somativa acontece na escola sempre quando finda um período, podendo ser representada por uma prova ou trabalho final, ou pelo somatório de resultados cumulativos. Determina a decisão entre a aprovação ou reprovação dos alunos. A avaliação somativa também é encontrada no dia a dia da escola, nos processos avaliativos externos, que têm por objetivo aprimorar o sistema educacional brasileiro.

Exemplo

Os concursos e os vestibulares podem ser considerados como exemplos de avaliação somativa.

Exercícios

1. (CONSULPLAN, 2010) A avaliação é uma das atividades que ocorre dentro de um processo pedagógico, incluindo outras ações que implicam na própria formulação dos objetivos da ação educativa, na definição de seus conteúdos e métodos, entre outros. Sendo parte de um processo maior, a avaliação pode ser formativa ou somativa. Considerando o enunciado, analise as afirmativas e marque V para as verdadeiras e F para as falsas:

( ) A avaliação formativa é utilizada para uma apreciação final sobre o que o aluno pode obter em um determinado período.

( ) A avaliação somativa é utilizada ao longo do processo pedagógico, no sentido de acompanhamento do desenvolvimento e reorientação da aprendizagem do aluno.

( ) Tanto a avaliação somativa quanto a formativa, podem levar a processos de exclusão e classificação na dependência das concepções que norteiam o processo educativo.

( ) A avaliação formativa é aquela em que o professor deve estar atento aos processos e às aprendizagens dos seus alunos.

A sequência está CORRETA em:
a) V – F – V – F.
b) F – F – V – V.
c) V – V – F – F.
d) F – V – F –V.
e) V – F – F – V.

2. "A regulação baseia-se no reforço dos êxitos e na recondução dos erros, estimulando a realização de mais exercícios ou tarefas do mesmo tipo e premiando com uma boa nota quando os resultados são os esperados." (SANMARTI, 2009, p. 29) A regulação tão debatida nesta unidade diz respeito às seguintes ponderações, EXCETO:

a) É preciso colocar em prática essa regulação apenas a partir da avaliação diagnóstica. Depois de realizada e identificado o ponto de partida dos alunos, não há mais necessidade de regulação posterior.

b) Realizar a regulação do ensino tanto a partir da avaliação diagnóstica, processual ou final é importante para assegurar a aprendizagem dos alunos.

c) A avaliação precisa estar intimamente vinculada aos objetivos de ensino, conteúdos e

atividades propostas aos alunos.
d) O erro cometido pelos alunos em uma questão proposta pelo professor na avaliação indica que, necessariamente, ele precisa rever o objetivo da questão proposta, a forma como o conteúdo foi ensinado e a forma como foi mencionado o conteúdo na avaliação.
e) A avaliação formativa está preocupada com a regulação dos processos de ensino-aprendizagem. Do ponto de vista cognitivista, essa avaliação está mais centrada no funcionamento cognitivo do aluno frente às atividades propostas.

3. (FUNRIO, 2013) A avaliação compreendida como parte do processo de ensino-aprendizagem e do planejamento em todas as suas etapas, ou seja, a avaliação formativa, parte dos seguintes pressupostos, EXCETO:
a) O aluno deve ser crítico, criativo e participativo, com autonomia e capacidade de tomar decisões.
b) O ensino deve privilegiar a participação, o diálogo, a autonomia, a reflexão tanto por parte dos professores quanto dos alunos.
c) O erro deve propiciar aprendizagens e as dúvidas dos alunos são altamente significativas e reveladoras de um envolvimento e exercício intelectuais.
d) O processo avaliativo deve englobar tanto as aprendizagens relativas aos conhecimentos da dimensão conceitual e procedimental quanto no nível do aprendizado de valores e atitudes.
e) A autoavaliação deve ser realizada de forma assistemática e em determinados momentos do ano letivo, a fim de garantir a autorreflexão dos estudantes.

4. A avaliação não é um momento pontual dos processos de ensino e de aprendizagem. Quando tratada em seu aspecto formativo, a avaliação precisa, além de identificar as falhas da aprendizagem, considerar também os motivos pelos quais as elas ocorreram, pois sem a identificação do motivo da dificuldade de aprendizagem a regulação do ensino pode ser comprometida. Assim sendo, avalie as assertivas e julgue-as com V (caso verdadeiras) e F (caso falsas):
( ) A avaliação formativa, fundamentada exclusivamente em critérios claros e transparentes, contribui para o desenvolvimento da aprendizagem, independentemente das condições individuais do aluno.
( ) A avaliação da aprendizagem será mais eficaz se for integrada aos objetivos de ensino, formando um par dialético, observada a função social da instituição delineada em seu projeto político-pedagógico.
( ) Ao conceber a avaliação como o ato de aplicar prova, isolada de outros contextos, o professor confere a ela caráter qualitativo e a função de controle da aprendizagem.
a) F – V – F.
b) F – F – F.

c) V – V – F.
d) F – V – V.
e) V – V – V.
5. A avaliação formativa é aquela que está preocupada com a regulação dos processos de ensino-aprendizagem, necessitando também de revisões constantes, definindo suas ideias e práticas relacionadas a partir da base teórica de referência. É característica principal da avaliação formativa ser:
a) Quantitativa.
b) Contínua.
c) Classificatória.
d) Somativa.
e) Genérica.

Referências

ALLAL, L.; CARDINET, J.; PERRENOUD, P. *A avaliação formativa num ensino diferenciado*. Coimbra: Livraria Almedina, 1986.

AZZI, S. Avaliação e progressão continuada. In: AZZI, S. (Coord). *Avaliação do desempenho e progressão continuada*: projeto de capacitação de dirigentes. Belo Horizonte: SMED, 2001. p. ??-??.

BLOOM, B. S. et. al. *Manual de avaliação formativa e somativa do aprendizado escolar*. São Paulo: Livraria Pioneira Editora, 1983.

ESCOLA MUNICIPAL GENAIR RAMOS GABRIEL. *Orientação pedagógica*. 14 jul. 2011. Disponível em: <http://emgenairramosgabriel.blogspot.com.br/2011/07/orientacao-pedagogica.html>. Acesso em: 15 set. 2017.

HOFFMANN, J. *Avaliar para promover*: as setas do caminho. 15. ed. Porto Alegre: Mediação, 2014.

POTT, F. P. *Avaliação da aprendizagem na EaD*: modalidades e ferramentas. 21 nov. 2011. Disponível em: <https://www.youtube.com/watch?v=nAr0v3ChzMU>. Acesso em: 15 set. 2017.

RODRIGUES, P. A. A. *Aprendizagem e avaliação no ensino superior*. 2012. Disponível em: <http://slideplayer.com.br/slide/384911/>. Acesso em: 15 set. 2017.

Leituras recomendadas

HOFFMANN, J. *Avaliação*: mito e desafio: uma perspectiva construtivista. 44. ed. Porto Alegre: Mediação, 2014.

PERRENOUD, P. *Avaliação*: da excelência à regulação das aprendizagens: entre duas lógicas. Porto Alegre: Artmed, 1999.

Avaliação diagnóstica

Objetivos de aprendizagem

Ao final deste texto, você deve apresentar os seguintes aprendizados:

- Identificar a importância da avaliação diagnóstica para professores e alunos.
- Apontar as fontes de informação e instrumentos aos quais podem recorrer os professores para a realização da avaliação diagnóstica.
- Debater acerca das dificuldades encontradas pelos professores na prática da avaliação diagnóstica.

Introdução

Neste capítulo, aprofundaremos o debate acerca da avaliação diagnóstica, que é fundamental para o bom andamento do processo pedagógico e que possui elementos e instrumentos próprios, características e roteiros pontuais, mas como qualquer outra etapa do processo pedagógico, apresenta obstáculos que podem e devem ser superados pelos professores em diálogo sempre aberto com alunos.

A importância da avaliação diagnóstica

Luckesi (2005) apresenta a reflexão sobre a importância de iniciar um trabalho docente a partir de uma avaliação diagnóstica, no qual o professor possa compreender os conhecimentos prévios dos seus alunos antes de iniciar o próximo período letivo. Nesse sentido, as avaliações diagnósticas se tornam fundamentais em um processo educativo, o qual necessita ser ampliado e qualificado. A avaliação diagnóstica deve estar comprometida com uma concepção pedagógica:

> No caso, consideramos que ela deve estar comprometida com uma proposta pedagógica histórico-crítica, uma vez que esta concepção está preocupada com a perspectiva de que o educando deverá apropriar-se

criticamente de conhecimentos e habilidades necessárias à sua realização como sujeito crítico dentro desta sociedade que se caracteriza pelo modo capitalista de produção. A avaliação diagnóstica não se propõe e nem existe de uma forma solta e isolada. É condição de sua existência a articulação com uma concepção pedagógica progressista (LUCKESI, 2005, p. 82).

Pelas avaliações diagnósticas, os professores conseguem identificar as aprendizagens e dificuldades dos alunos com relação aos conteúdos desenvolvidos em períodos anteriores.

Podemos compreender a avaliação diagnóstica (Figura 1) a partir das funções essenciais ao trabalho docente que são:

- Compreender a realidade de cada turma;
- Entender quais as aprendizagens e dificuldades dos alunos com relação aos conteúdos desenvolvidos no período educacional anterior;
- Promover ações efetivas que deem conta de sanar as dúvidas e/ou dificuldades dos alunos.

Figura 1. Momento de avaliação diagnóstica.
Fonte: racorn/Shutterstock.com

As informações obtidas a partir de uma avaliação diagnóstica servem para a organização de ações que irão priorizar quais conteúdos deverão ser retomados e/ou trabalhados em primeiro lugar. Podemos dizer que ela pode ser considerada como preventiva, pois identifica as dificuldades dos alunos, trabalhando para que possam ser superadas e avançar nos conhecimentos mais elaborados.

Dessa forma, torna-se importante torna-se importante o entendimento do professor de que as avaliações diagnósticas auxiliam a elaborar produtivas estratégias de ensino para qualificar a aprendizagem dos alunos.

Instrumentos utilizados em uma avaliação diagnóstica

Por instrumentos avaliativos compreendem-se as formas escolhidas pelo docente com a finalidade de avaliar um conteúdo desenvolvido com os alunos. Os instrumentos avaliativos devem ser apresentados de forma coerente com o que foi trabalhado em períodos anteriores, oferecendo ao professor as informações necessárias ao trabalho docente que se inicia.

No entanto, não existe apenas uma maneira de se realizar uma avaliação diagnóstica, ou seja, não existe apenas um único modelo de avaliação que dê conta de verificar as aprendizagens e dificuldades dos alunos de uma turma. De acordo com Despresbiteris (1998):

> É importante que a forma de avaliação seja escolhida de acordo com os objetivos que se deseja atingir. Também é fundamental que se ofereça ao aluno diversas oportunidades de mostrar seu desempenho, evidentemente evitando fazer do processo de ensino um mecanismo de só aplicar instrumentos de avaliação (DESPRESBITERIS, 1998, p. 112).

Por isso, o professor deve ter diversas formas de avaliação, desde a observação inicial dos alunos até a realização de testes e provas.

O Quadro 1 apresenta algumas formas possíveis de instrumentos que são utilizados em uma avaliação diagnóstica.

Quadro 1. Instrumentos utilizados na avaliação diagnóstica.

Observação dos alunos e da turma	Realizada no início do período educativo, de forma individual com cada aluno e com a turma de maneira coletiva.
Autoavaliação	Importante instrumento avaliativo, no qual o aluno expõe seus aprendizados, bem como suas maiores dificuldades frente aos conteúdos estudados. No entanto, deve ser muito bem conduzida pelo professor, a fim de que os alunos possam ser fiéis aos seus conhecimentos.
Análise dos dados da turma	Advindos de períodos anteriores, na escola, os alunos apresentam dados do seu desenvolvimento. Sendo que esses são apresentados por meio de índices de aprendizagens e de avaliações anteriores, permitindo ao professor conhecer melhor seus alunos, bem como as estratégias que devem ser realizadas, a fim de que os estudantes avancem em suas aprendizagens.
Produções de textos	As produções de textos de diversos gêneros são importantes instrumentos utilizados pelo professor com a finalidade de que possa realizar uma avaliação diagnóstica dos saberes dos seus novos alunos. É muito importante que o professor conheça a forma de escrita e quais as características evidenciadas a partir da linguagem escrita de seus alunos.
Teste	Tem finalidade de verificar os conhecimentos e dificuldades dos alunos. Por isso, devem ser apresentados de forma objetiva, destacando quais os principais conteúdos a serem verificados pelo professor.

Dificuldades na prática de uma avaliação diagnóstica

Quanto mais cedo os professores conseguirem identificar as dificuldades de seus alunos com relação às aprendizagens, maiores serão as condições de auxiliá-los a avançarem em seus conhecimentos, respeitando cada um em suas dificuldades.

No entanto, o professor necessita ter subsídios necessários, ou seja, o conhecimento dos conteúdos trabalhados em momentos anteriores. Caso o contrário, o professor enfrentará dificuldades na elaboração da avaliação diagnóstica. Segundo Hoffmann é necessário, que o professor possa: "[...] investigar seriamente o que os alunos "ainda" não compreenderam, o que "ainda" não produziram, o que "ainda" necessitam de maior atenção e orientação (HOFFMANN, 2008, p. 68).

É preciso uma observação atenta do professor ao acompanhar os desempenhos e as dificuldades dos alunos orientando e planejando o trabalho a ser desenvolvido, tendo como foco principal a aprendizagem dos alunos. No entanto, apenas a observação dos alunos não pode ser vista como suficiente no contexto da avaliação diagnóstica. Uma das grandes dificuldades identificadas em uma avaliação diagnóstica é o fato de que alguns professores ainda compreenderem que todas as aulas devem ser iguais a todas as turmas com as quais trabalham. Ou seja, que todos sejam avaliados da mesma forma. Existem outros elementos que também podem ser considerados como dificultadores em uma avaliação, como: as diferenças econômicas, sociais e culturais.

A avaliação diagnóstica, mesmo parecendo subjetiva é de grande importância para o processo educativo. Por isso, devem ser completas, produzindo informações necessárias aos professores sobre seus alunos. Dessa forma, o professor não corre o risco de uma impressão ou de um pré-julgamento sobre seu aluno ou turma a qual está iniciando um trabalho educativo.

Exercícios

1. Já ouviu o ditado que diz que "A primeira impressão é a que fica"? Pois é, ele diz muito sobre a avaliação diagnóstica, pois como o próprio nome diz, esse tipo de avaliação precisa ocorrer no início do período letivo, como um diagnóstico da turma que o professor está assumindo por aquele período letivo. A importância desse tipo de avaliação

é, principalmente, ditar o tom que professores e alunos irão assumir no restante do ano letivo. Porém, não cabe apenas o primeiro olhar, a primeira impressão realmente, quando o assunto é a avaliação diagnóstica, sendo assim há alguns instrumentos para coleta de informações. Marque a alternativa que apresenta os instrumentos mais indicados para a realização desta avaliação.
a) Aplicação de provas abertas e com questões objetivas.
b) Montagem de portfólio do ano anterior.
c) Autoavaliação.
d) Observação direta do professor.
e) Consulta ao diário de classe do ano anterior.

2. Embora o conhecimento acerca dos alunos no início do ano ainda seja bastante superficial, o que se faz extremamente necessário é o respeito que os professores precisam ter para com seus alunos. No ensino fundamental, além de componentes curriculares, os alunos devem desenvolver outros aspectos importantes para esta fase da escolarização. Dentre os aspectos listados abaixo marque com (N) o que NÃO é uma exigência para o ensino fundamental e que não há necessidade de ser observado em avaliações, e com (S) o que é SIM uma exigência própria do ensino fundamental.
( ) Desenvolver noções de cidadania.
( ) Desenvolver noções de civilidade.
( ) Cooperação em sala de aula.
( ) Objetivos predominantemente acadêmicos e vocacionais.
( ) Trabalhar em grupo.
Marque a alternativa que apresenta a sequência CORRETA.
a) S, S, S, N, S.
b) N, S, S, N, S.
c) S, S, N, N, S.
d) S, S, S, N, N.
e) N, S, N, S, S.

3. "Ensinar é uma atividade ligada ao contexto e que envolve muitos fatores que os professores não podem controlar, tais como os recursos à sua disposição e as características dos seus alunos" (RUSSELL & AIRASIAN, 2014, p. 38). Porém, embora não possa controlar, o professor pode conhecer, tanto os recursos à sua disposição quanto as características dos alunos. Para tanto, a realização de uma avaliação inicial ou diagnóstica é imprescindível. São aspectos observáveis e consideráveis na avaliação diagnóstica dos alunos, EXCETO:
a) Comportamento social do aluno.
b) Crenças e família.
c) Interesses diversos.
d) Estilo visual.
e) Diários de classes de anos anteriores.

4. O propósito da avaliação diagnóstica é auxiliar o professor no reconhecimento de seus alunos e assim conseguir organizá-los em uma sala de aula, saber como comunicar e interagir, motivá-los e ensiná-los. A avaliação diagnóstica fornece aos professores informações práticas e diretas que eles precisam para fazer a sala de aula funcionar com eficiência. Analise os itens a seguir sobre as características básicas das avaliações iniciais ou diagnósticas e marque V para verdadeiro e F para falso:
( ) A avaliação diagnóstica é feita

no início do ano letivo.
( ) A avaliação diagnóstica é focada no professor.
( ) As observações são sintetizadas em percepções.
( ) As impressões raramente são registradas de modo formal pelos professores.

Marque a alternativa que apresenta a sequência CORRETA.

a) F, F, V, V.
b) V, F, V, V.
c) V, F, F, V.
d) F, V, V, V.
e) V, F, F, F.

5. Embora a avaliação diagnóstica possa parecer bastante subjetiva, a validade e precisão de suas informações são aspectos relevantes, pois um processo de avaliação baseado em evidências rápidas e incompletas pode facilmente produzir decisões incorretas, inválidas e inseguras sobre os alunos. Deste modo, são obstáculos a serem enfrentados pelos professores no fazer pedagógico da avaliação diagnóstica, EXCETO:

a) O prejulgamento que o professor já tem sobre questões socioeconômicas e sociais de seus alunos.
b) O conhecimento que o professor já tem sobre um irmão mais velho do aluno, sendo esta uma experiência boa ou ruim.
c) A primeira impressão também influencia percepções futuras.
d) Basear sua avaliação em aspectos variados, pois isso faz com que o professor perca o foco de sua avaliação.
e) Teorias pessoais ou atitudes que influenciam observações subsequentes.

Referências

DEPRESBITERIS, L. Avaliação da aprendizagem do ponto de vista técnico-científico e filosófico-político. São Paulo: FDE, 1998. (Série Ideias, 8).

HOFFMANN, J. M. L. *Avaliar*: respeitar primeiro, educar depois. Porto Alegre: Mediação, 2008.

LUCKESI, C. C. *Avaliação da aprendizagem escolar*: estudos e proposições. São Paulo: Cortez, 2005.

Leituras recomendadas

PERRENOUD, P. *Avaliação*: da excelência à regulação das aprendizagens: entre duas lógicas. Porto Alegre: Artmed, 1999.

SANT'ANNA, I. M. *Por que avaliar? Como avaliar?*: critérios e instrumentos. Petrópolis, RJ: Vozes, 1995.

Avaliação formativa

Objetivos de aprendizagem

Ao final deste texto, você deve apresentar os seguintes aprendizados:

- Identificar a importância da avaliação formativa para professores e alunos.
- Ponderar acerca dos instrumentos que podem ser utilizados pelos professores para realização da avaliação formativa.
- Debater acerca das possibilidades e variações encontradas pelos professores na prática da avaliação formativa e, ainda, suas principais dificuldades.

Introdução

Neste capítulo, trataremos da avaliação formativa. Para Perrenoud (1999), "é formativa toda avaliação que ajuda o aluno a aprender e a se desenvolver, ou melhor, que participa da regulação das aprendizagens e do desenvolvimento no sentido de um projeto educativo". Neste sentido, abordaremos instrumentos e recursos que poderão ser utilizados no trabalho de avaliação formativa, funções observativas, interventivas e reguladoras desta modalidade e ainda os limites de sua aplicação.

A importância da avaliação formativa para professores e alunos

A avaliação formativa se caracteriza através de um formato interativo entre professores e alunos, possuindo a intenção de acompanhar, mediar e contribuir para a qualificação de aprendizagem dos alunos e para ampliação da prática docente do professor. De acordo com Perrenoud (1991, p. 50) a avaliação formativa é toda aquela que "auxilia o aluno a aprender e a se desenvolver, ou seja, que colabora para a regulação das aprendizagens e do desenvolvimento no sentido de um projeto educativo".

A avaliação formativa tem como característica informar os dois principais atores do processo de ensino-aprendizagem – o professor e o aluno.

> [...] informado dos efeitos reais de seu trabalho pedagógico, poderá regular sua ação a partir disso. O aluno, que não somente saberá onde anda, mas poderá tomar consciência das dificuldades que encontra e tornar-se-á capaz, na melhor das hipóteses, de reconhecer e corrigir ele próprio seus erros. (HADJI, 2007, p. 20)

Para que a avaliação formativa aconteça a contento entre professores e alunos, há necessidade de observar algumas ações essenciais às quais necessitam estar contextualizadas às ações pedagógicas do professor e às aprendizagens dos alunos.

> As avaliações formativas ocorrem durante a interação com os alunos e se focam na tomada de decisões rápidas e específicas sobre o que fazer a seguir para ajudar os alunos a aprender. [...] O professor avalia continuamente o seu progresso observando as reações dos alunos e fazendo-lhes perguntas. Com base nessas reações e respostas, o professor toma uma decisão sobre como a instrução está indo. Se o professor decidir que a lição está progredindo de maneira satisfatória, ele continua o ensino como planejado. Se ele perceber um problema, tal como falta de compreensão ou de interesse, a atividade instrucional planejada deve ser para amenizar o problema, com outra atividade ou estratégia de ensino. (RUSSELL; AIRASIAN, 2014, p. 97-99)

Desta forma, a avaliação formativa é compreendida como importante processo de ensino-aprendizagem. Ou seja, uma interação indissolúvel entre o ensino, a aprendizagem e a avaliação. É a partir de uma avaliação formativa que o professor pode acompanhar a aprendizagem dos alunos e qualificar sua ação docente.

A Figura 1 ilustra um momento de avaliação formativa em que professora e aluno estão integrados em uma única ação – a qualificação da aprendizagem.

Figura 1. Avaliação formativa.
Fonte: Gagliardilmages/Shutterstock.com

Fique atento

Toda avaliação considerada formativa requer uma importante mudança de atitudes dos professores e alunos. Compreende, por exemplo, o erro não como algo definitivo, mas como parte integrante e fundamental de um processo educativo.

Instrumentos utilizados em uma avaliação formativa

As ações, ou seja, instrumentos utilizados em uma avaliação formativa dependem dos critérios estabelecidos pelo professor para acompanhar e qualificar as aprendizagens dos seus alunos. Da mesma forma, os alunos, também, necessitam compreender a partir das avaliações quais avanços de aprendizagens necessitam alcançar. A avaliação formativa faz com que o próprio aluno tenha maior autonomia, compreensão e responsabilidade a cerca do seu processo de aprendizagem.

A avaliação formativa implica, por parte do professor, flexibilidade e vontade de adaptação, de ajuste. Este é sem dúvida um dos únicos indicativos capazes de fazer com que se reconheça de fora uma avaliação formativa: o aumento da variabilidade didática. Uma avaliação que não é seguida por uma modificação das práticas do professor tem poucas chances de ser formativa! Por outro lado, compreende-se por que se diz frequentemente que a avaliação formativa é, antes, contínua. (HADJI, 2007, p. 21)

Para ser efetiva, a avaliação formativa necessita ser contínua, acompanhando o desenvolvimento dos alunos através de diversas ações, podendo ser elas:

- leitura;
- escrita de textos de diversos gêneros;
- resolução de exercícios;
- atividades individuais em pares ou em grupos;
- autoavaliação.

Podendo ser acompanhada de várias formas para contribuir com o desenvolvimento da aprendizagem dos alunos e com a qualificação do trabalho do professor, a avaliação formativa pode ser considerada como um modelo ideal de avaliação.

Assim, a ideia de avaliação formativa corresponde ao modelo ideal de uma avaliação:
- colocando-se deliberadamente a serviço do fim que lhe dá sentido: tornar-se um elemento, um momento determinante da ação educativa;
- propondo-se tanto a contribuir para uma evolução do aluno quanto a dizer o que, atualmente, ele é;
- inscrevendo-se na continuidade da ação pedagógica, ao invés de ser simplesmente uma operação externa de controle, cujo agente poderia ser totalmente estrangeiro à atividade pedagógica (HADJI, 2007, p. 21).

Compreende-se a avaliação formativa como aquela que se encontra no centro de um processo educativo, destacando-se por um processo contínuo de análise e ação.

> **Saiba mais**
>
> Saiba mais sobre a avaliação formativa realizando a leitura sugerida: ABRECHT, R. *A avaliação formativa*. Rio Tinto, PT: Edições Asa, 1994.

Possibilidades e dificuldades de uma avaliação formativa

Ao finalizar este capítulo, torna-se fundamental compreender quais as possibilidades, bem como, as dificuldades de uma avaliação formativa.

Iniciando essa reflexão, podemos dizer que a avaliação que acompanha e media as aprendizagens preocupando-se com o avanço e o desenvolvimento educativo dos alunos é fundamental.

No entanto, o sistema educativo brasileiro ainda impõe normas atreladas à classificação dos alunos, separando aqueles que sabem daqueles que não sabem, desconsiderando o processo vivenciado pelos alunos na escola, compreendendo que todos devem ter os mesmos aprendizados e que devem ser ensinados e aprendidos no mesmo tempo e da mesma forma.

> [...] os usos sociais dominantes da atividade avaliativa, em uma perspectiva administrativa, marcada pela presença ponderada da exigência de certificação, e isso no âmbito de uma pedagogia destinada a fazer emergir a "excelência" e a selecionar neste sentido, refletem e ao mesmo tempo reforçam concepções da avaliação, por exemplo, como atividade de triagem científica. [...] a avaliação é uma medida continua viva, até mesmo pregnante, na mente dos avaliadores escolares. Aliás, como não ser vítima disso quando todos (administração, pais, alunos, colegas) reclamam notas? A nota não é a expressão de uma justa medida? Em nome de que podemos afirmar aqui que se é "vítima" de tal representação? Só pode ser em nome de uma concepção cientificamente fundamentada da atividade de avaliação. (HADJI, 2007, p. 22-23)

Nesse sentido, torna-se importante refletir que além de uma avaliação que garanta os direitos de aprendizagens dos alunos, na escola, e que qualifica a ação docente, há necessidade de rever e (re)construir práticas ainda soberanas em nosso sistema avaliativo educacional, que seleciona e classifica os alunos como aprendentes e não aprendentes.

Uma das possibilidades oferecidas pela avaliação formativa é o *feedback* considerado como importante ferramenta, que realiza a integração entre professores e alunos. Para que o *feedback* possa ser realizado deve considerar algumas questões básicas como:

- deve ser positivo e valorizar o que o aluno aprendeu;
- deve mostrar aos alunos quais suas dificuldades, apontando ações, que devem ser realizadas a fim de que possam avançar em suas aprendizagens;
- não deve servir como um castigo ou punição aos alunos;
- deve servir para qualificar a aprendizagem dos alunos;
- deve ser coerente e respeitar o tempo/ritmo de aprendizagem de cada aluno.

Um *feedback* bem realizado auxilia a minimizar as dificuldades ainda encontradas em um processo avaliativo, na qual sua utilização modifica toda uma concepção de como se dá um processo de ensino-aprendizagem. Ou seja, representa uma mudança de paradigma que busca ir além de uma avaliação apenas classificatória, que promove alguns e reprova outros. Sem a compreensão da importância de que todos avancem em suas aprendizagens.

A Figura 2 ilustra o sistema avaliativo que classifica os alunos em uma escala de excelentes e insuficientes de acordo com sua aprendizagem.

Figura 2. Sistema avaliativo.
Fonte: bannosuke/Shutterstock.com

Exemplo

Um Exemplo de Avaliação Formativa

Pré-prova: as atividades anteriores à prova servem tanto para compor a nota do aluno quanto para que ele aprenda as formas possíveis de diálogo e exposição de ideias para aquele professor.

Prova: costuma ser antecipada em relação à avaliação tradicional, e muitas vezes o aluno pode reformular os conceitos que não aprendeu, ou mesmo sugerir outras formas para apreendê-los.

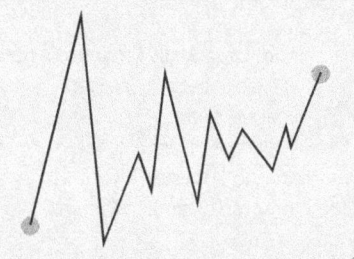

Autoavaliação e Feedback: numa avaliação formativa, parte da nota do aluno pode ser atribuída por ele próprio, de acordo com o quanto ele acha que aprendeu durante aquele curso. O professor tem a possibilidade de oferecer ao aluno um panorama mais detalhado a respeito do aprendizado que ele desenvolveu, sem se resumir a apenas uma nota.

Fonte: Avaliar... ([201-?]).

Exercícios

1. (CETRO, 2008) Segundo Perrenoud (1998), a avaliação formativa favorece a aprendizagem dos alunos e o ensino dos docentes. Na relação estabelecida entre essa avaliação e os programas e objetivos do ensino, o autor defende que:

a) a relevância concentra-se no programa a ser ensinado, de modo a cobri-lo integralmente.

b) a avaliação busca meios para remediar as dificuldades dos alunos mais lentos, mais fracos, na esperança de que suas lacunas e/ou dificuldades passarão despercebidas.

c) na luta contra o fracasso escolar, é fundamental deter-se no essencial, no cerne dos programas, nos saberes indispensáveis a todos os alunos.

d) a apresentação dos programas de ensino, em forma de listas de conteúdos a serem desenvolvidos pelos docentes, tem característica facilitadora.

e) a avaliação formativa, a serviço da regulação individualizada dos alunos, elimina a revisão constante do plano de estudos ou a necessidade de relacioná-lo às aprendizagens anteriormente adquiridas.

2. (CONSULPLAN, 2011) A concepção de avaliação presente no documento dos Parâmetros Curriculares Nacionais (PCNs) coaduna-se com uma perspectiva de aprendizagem processual, contínua, na perspectiva de uma pedagogia diferenciada. As orientações contidas no documento quanto à avaliação têm, portanto, ênfase na:

I. Investigação contínua do professor sobre as aprendizagens.
II. Reflexão sobre a mediação pedagógica do professor.
III. Classificação e aprovação/retenção dos estudantes.
IV. Promoção da aprendizagem dos alunos.

Assinale a alternativa CORRETA:
a) Apenas as afirmativas I e II estão corretas.
b) Apenas as afirmativas I, II e III estão corretas.
c) Apenas as afirmativas I, II e IV estão corretas.
d) Apenas as afirmativas II e III estão corretas.
e) Apenas as afirmativas I e III estão corretas.

3. Considera-se que existe uma grande distância, diferença, entre as atividades que o professor planeja quando está sozinho, podendo refletir a cerca da melhor maneira para realizar uma avaliação (avaliação de planejamento) e quando os professores realizam a avaliação com seus alunos, durante um momento de aprendizagem (avaliação formativa ou instrucional). Marque a alternativa que apresenta INCORRETAMENTE uma característica destas avaliações.

a) A avaliação formativa é realizada distante da turma, focando-se em evidências formais e informais.
b) A avaliação formativa exige decisões instantâneas por parte do professor.
c) Na avaliação de planejamento foca-se em identificar objetivos, conteúdos e atividades.
d) Tanto a avaliação de planejamento quanto a avaliação formativa baseiam-se em evidências formais e informais.
e) A avaliação de planejamento ocorre antes ou depois da instrução.

4. "As avaliações formativas ocorrem durante a interação com os alunos e se focam na tomada de decisões rápidas e específicas sobre o que fazer a seguir para ajudar os alunos a aprender." (RUSSELL; AIRASIAN, 2014, p. 98). Tais avaliações podem ter muitas formas, mas que dependem de informações coletadas por atividades estruturadas e formais e por observações informais realizadas em sala de aula pelo professor. Quanto às avaliações instrucionais ou formativas e de planejamento, marque com V as que são verdadeiras e com F as que são falsas.

( ) O bom planejamento reduz as incertezas dentro da sala de aula, pois o professor saberá exatamente, passo a passo, como realizar a avaliação planejada.
( ) O processo de ensino efetivo, ou instrução, deve incluir a avaliação do progresso dos alunos e adaptações, em

caso de necessidade.
( ) Os indicadores informais da avaliação instrucional são obtidos por observações e incluem expressões faciais, perguntas e comentários feitos pelos alunos.
( ) Os professores têm a tendência de procurar mais sinais de envolvimento do que de aprendizado dos alunos.

Marque a alternativa que apresenta a sequência correta.
a) F, F, V, V.
b) F, V, V, V.
c) V, V, V, V.
d) F, V, F, V.
e) V, F, V, V.

5. As acomodações no processo de ensino devem ocorrer pontualmente para cada aluno e também coletivamente. Quando se trata de alunos com alguma deficiência, essa acomodação torna-se impreterível. Podemos ter alunos com deficiência visual, auditiva, alunos com dificuldade de compreensão, de atenção ou ainda com falta de respeito. Enumere as colunas abaixo com a real necessidade de acomodação vinculada a cada uma das deficiências, sendo:
1. Deficiência visual.
2. Deficiência auditiva.
3. Falta de respeito.
4. Dificuldade de atenção.
5. Dificuldade de compreensão.
( ) O aluno precisa que sejam repetidos os pontos principais da instrução e que seu nome seja chamado antes de algum questionamento.
( ) Em alguns casos, apenas falar mais devagar e pausadamente com este aluno é o suficiente; em outros casos, torna-se necessário o uso de Libras.
( ) Além de fornecer materiais gravados para esses alunos, o professor pode ainda solicitar que outros alunos façam leituras em voz alta.
( ) Esses alunos compreendem mais quando as instruções são mais curtas e as orientações passadas oralmente e por escrito também, porém alguns podem, inclusive, precisar de mais tempo para realizar as tarefas.
( ) O aluno com esse tipo de questão precisa ser informado que seu comportamento é inapropriado para o ambiente escolar e exemplos de comportamentos dos colegas podem ser dados para reforçar qual é o comportamento aceitável.

Marque a alternativa que apresenta a sequência correta.
a) 4, 2, 1, 5, 3.
b) 4, 2, 1, 3, 5.
c) 2, 4, 1, 3, 5.
d) 5, 3, 1, 4, 2.
e) 4, 2, 5, 1, 3.

Referências

ABRECHT, R. *A avaliação formativa*. Rio Tinto, PT: Edições Asa, 1994.

AVALIAR para formar. [200-?]. Disponível em: <http://www.adur-rj.org.br/5com/pop-up/avaliar_para_formar.htm>. Acesso em: 29 set. 2017.

HADJI, C. *Avaliação desmistificada*. Porto Alegre: Artmed, 2007.

PERRENOUD, P. *Avaliação:* Da excelência à regulação das aprendizagens: entre duas lógicas. Porto Alegre: Artes Médicas, 1991.

RUSSELL, M. K.; AIRASIAN, P. W. *Avaliação em sala de aula*. Porto Alegre: AMGH, 2014.

Leituras recomendadas

ALLAL, L.; CARDINET, J.; PERRENOUD, P. *A avaliação formativa num ensino diferenciado*. Coimbra: Livraria Almedina, 1986.

HADJI, C. *A avaliação*: regras do jogo: das intenções aos instrumentos. Portugal: Porto Editora, 1994.

Avaliação somativa

Objetivos de aprendizagem

Ao final deste texto, você deve apresentar os seguintes aprendizados:

- Conhecer as principais características da avaliação somativa.
- Identificar a importância da avaliação somativa nos processos de ensino-aprendizagem.
- Discutir acerca da preparação necessária dos alunos para a realização da avaliação somativa.

Introdução

A avaliação somativa apresenta uma lógica própria, que exige planejamento específico e preparação dos alunos. Neste capítulo, trataremos especificamente da avaliação somativa, tida por alguns como o verdadeiro caos e por outros como o momento de ranqueamento dos melhores e piores alunos. Mas será que é para isso mesmo que avaliação somativa existe? É isso que veremos adiante.

Principais características da avaliação somativa

A Avaliação Somativa é facilmente encontrada na maioria das escolas brasileiras, também, estando relacionada às avaliações externas.
Para Zabala (1988):

> A avaliação final ou somativa refere-se aos resultados obtidos e aos conhecimentos adquiridos, e o termo avaliação somativa ou integradora para o conhecimento de todo o percurso do aluno. Esta avaliação somativa ou integradora é entendida como um informe global do processo, que, a partir do conhecimento inicial (avaliação inicial), manifesta a trajetória seguida pelo aluno, as medidas específicas que foram tomadas, o resultado final de todo o processo (ZABALA, 1998, p. 201).

Segundo o autor, a Avaliação Somativa se apresenta como característica básica do resultado final da aprendizagem de um processo educacional seja de uma disciplina, módulo, bimestre, semestre, ano letivo ou curso (Quadro 1).

Quadro 1. As principais características de uma Avaliação Somativa.

Realizada no final de um período educativo, que compreende o término de um curso, período, ano letivo, disciplina, entre outros
Faz um "balanço" de tudo o que foi aprendido no período educativo
Pode apresentar-se como pontual por meio de prova final ou cumulativa a partir da junção de resultados de avaliações parciais
Classifica os alunos entre aqueles que aprenderam e os que não aprenderam determinados conteúdos ensinados pelo professor
Serve para aprovar ou reprovar os alunos
Certifica os alunos, mediante o aprendizado dos conteúdos
Busca a compreensão de uma instituição ou sistema educacional quanto aos resultados alcançados
Atribui notas e/ou conceitos, que geralmente se tornam públicos
Verifica se os objetivos dos conteúdos trabalhados foram atingidos

As avaliações diagnóstica e formativa colaboram para uma avaliação somativa, quando seus dados servem para o somatório final e resultado de um processo educativo realizado.

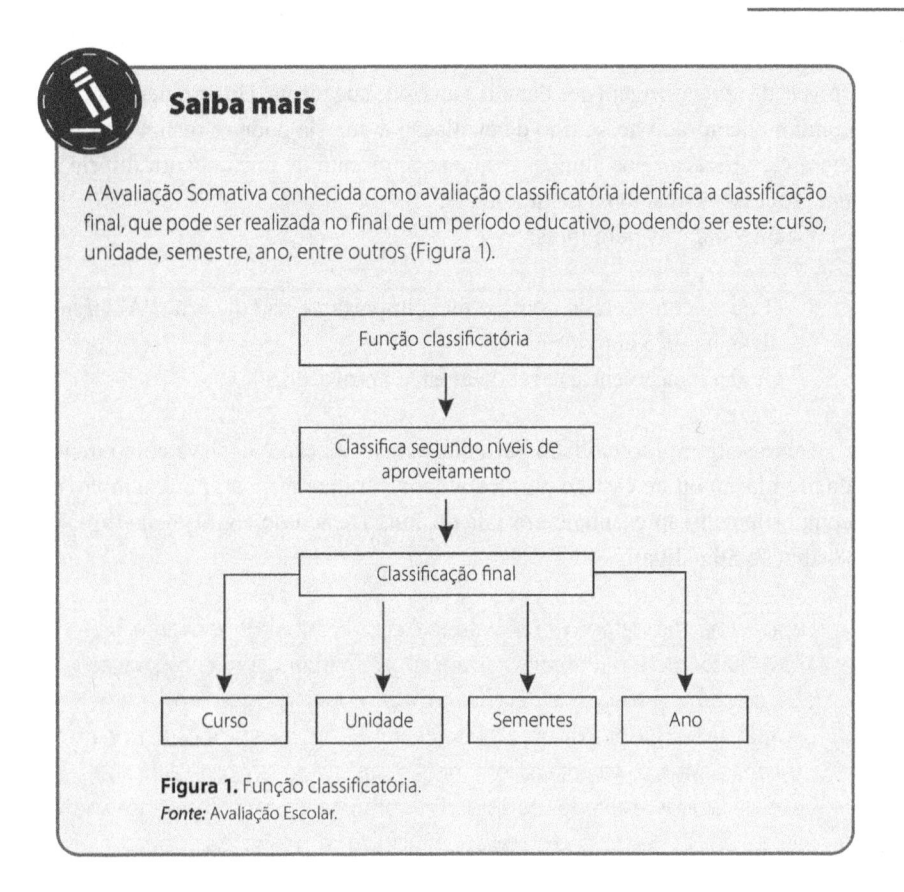

> **Saiba mais**
>
> A Avaliação Somativa conhecida como avaliação classificatória identifica a classificação final, que pode ser realizada no final de um período educativo, podendo ser este: curso, unidade, semestre, ano, entre outros (Figura 1).
>
> ```
> Função classificatória
>         ↓
> Classifica segundo níveis de aproveitamento
>         ↓
> Classificação final
>   ↓      ↓        ↓       ↓
> Curso  Unidade  Sementes  Ano
> ```
>
> **Figura 1.** Função classificatória.
> *Fonte:* Avaliação Escolar.

A importância da avaliação somativa no processo de ensino-aprendizagem

Podemos compreender a maior importância da Avaliação Somativa no processo ensino-aprendizagem, quando ela se relaciona com a avaliação externa, ou seja, informa dados fundamentais para a qualificação de uma instituição ou sistema escolar. No entanto, quando a avaliação somativa se relaciona ao desempenho do aluno, não se apresenta como um processo dialógico, mas conservador e autoritário.

A Avaliação Somativa é compreendida por meio da classificação, que quantifica os saberes dos alunos, comparando uns com os outros. Se o aluno atingiu os objetivos propostos pelo professor ou pela escola, é aprovado. Caso o contrário, o aluno é reprovado e necessita repetir todos os conteúdos anteriormente estudados, a fim de que possa aprendê-los e ficar no mesmo "nível" de aprendizagem dos demais alunos de sua turma. Um problema muito comum encontrado nesse tipo de avaliação é que ela pode se resumir a uma mera classificação dos alunos. O que se apresenta de forma contraditória a um processo educacional de qualidade.

Ficam, então, as perguntas:

- O que é considerado como o mais importante na educação? A aprendizagem ou a aprovação?
- Qual a ligação entre aprendizagem e aprovação?

Deve-se ter muito cuidado para que esta avaliação não sirva como meio de premiação ou de castigo para os alunos para compensar, por exemplo, o comportamento apresentado em sala de aula. De acordo com Haydt (1991) a Avaliação Somativa:

> Supõe uma comparação, pois o aluno é classificado segundo o nível de aproveitamento e rendimento alcançado, geralmente em comparação com os demais colegas, isto é, com o grupo classe. A ênfase no aspecto comparativo é própria da escola tradicional. É com esse propósito que é utilizada a avalição somativa, com função classificatória, pois ela consiste em classificar os resultados da aprendizagem alcançados pelos alunos ao final de um semestre, ano ou curso, de acordo com os níveis de aproveitamento preestabelecidos. Portanto, consiste em atribuir ao aluno uma nota ou conceito final para fins de promoção (HAYDT, 1991, p. 25-26).

Haydt (1991) ajuda a refletir acerca da compreensão equivocada da Avaliação Somativa, devendo ser bem conduzida, pois caso o contrário pode se transformar em uma prática educativa que não auxilia o aluno em seu processo de ensino-aprendizagem, classificando, julgando e até mesmo excluindo alunos que não estão de acordo com a norma "média" estabelecida pela instituição ou sistema educacional.

Saiba mais

O Quadro 2 apresenta as avaliações externas realizadas pelo sistema educacional brasileiro.

Quadro 2. Avaliações externas do sistema educacional brasileiro.

	ANEB (Avaliação Nacional da Educação Básica)	Prova Brasil (Anresc – Avaliação Nac. do Rendimento Escolar)	ANA (Avaliação Nacional da Alfabetização)	ENEM (Exame Nacional do Ensino Médio)	PISA (Programa Internacional de Avaliação de Alunos)
O que é	Avaliação amostral. Apresenta os resultados do país, das regiões e das UFs	Avaliação censitária. Apresenta resultados por escola e por ente federativo	De caráter censitário, avalia os níveis de alfabetização e as condições de ensino nas escolas	Avalia o desempenhos dos estudantes ao fim de educação básica	Iniciativa da OCDE, avalia sistemas educacionais de 65 países (membros da OCDE e países convidados)
Quem faz	Alunos das redes públicas e privadas de 5º e 9º anos do EF e no 3º ano do EM	Alunos do 5º e 9º anos do Ensino Fundamental das escolas públicas	Alunos do 3º ano do Ensino Fundamental das escolas públicas	Estudantes que estão concluindo ou que já concluíram o Ensino Médio	Estudantes dos 15 anos dos 65 países participantes
Quando	Bianual	Bianual	Anual	Anual	A cada três anos

Fonte: Instituto Unibanco (2016).

Preparação dos alunos para a realização das Avaliações Somativas

Como já descrito neste capítulo, a Avaliação Somativa deve ser cuidadosa na sua apresentação para com os alunos.

Nesse sentido, o professor deve oportunizar sua turma com ambiente tranquilo para avaliação sem tensionamentos, acalmando os alunos e informando-os que este é o momento em que deverão responder as questões com atenção ou descrever as respostas com máximo empenho, demonstrando o que aprenderam naquele período educacional.

É preciso que o professor trabalhe com o aluno no sentido de que ele possa ir se organizando durante o período, ciclo, ou ano letivo com seus estudos, não deixando apenas para as provas finais a responsabilidade da avaliação dos seus rendimentos na escola.

O professor deve oferecer aos alunos momentos em que possam estar realizando uma revisão dos conteúdos estudados em aula e que serão solicitados nas avaliações a fim de que demonstrem sobre eles sua compreensão. Sobre uma importante revisão antes da prova Russel e Airasian (2014) descrevem que:

> O propósito de uma revisão, em especial a revisão para a prova, é preparar os alunos para a prova. Essencialmente, a revisão é a forma que o professor tem de dizer: "Estes são exemplos das ideias, tópicos e habilidades que espero que vocês tenham aprendido. Deem uma olhada nesta revisão e avaliem o seu conhecimento. Pratiquem uma última vez antes que eu lhes peça para demonstrar o que vocês aprenderam na prova que conta para a sua nota. Se vocês têm perguntas ou dificuldades, iremos revisá-las antes da prova (RUSSEL; AIRASIAN, 2014, p. 133)

Além de momentos de estudos que auxiliaram nas provas, testes e trabalhos, também devem estar cientes do tempo disponível para a realização de uma avalição. Ou seja, não devem ser pegos de surpresa com tempo insuficiente que impeça a conclusão da tarefa avaliativa proposta.

Para que uma avaliação somativa possa ser realmente efetiva, ela necessita estar integrada a uma avaliação formativa.

A Figura 2 sugere um momento do cotidiano escolar em que o professor realiza uma revisão dos conteúdos anteriormente estudados que farão parte da avaliação posteriormente realizada pela turma.

Figura 2. Cotidiano escolar.
Fonte: Iakov Filimonov/Shutterstock.com

Taxionomia de Bloom

Os estudos de Bloom (1993) dividem as aprendizagens em três grandes domínios classificados em: cognitivo, afetivo e psicomotor (Quadro 3).

- **Cognitivo:** está relacionado à aprendizagem, ao desenvolvimento intelectual. Nesse domínio, seis categorias são apresentadas de forma hierárquica e de interdependência entre elas, seguindo uma ordem que inicia por: conhecimento, compreensão, aplicação, análise, síntese e avaliação.
- **Afetivo:** está relacionado aos sentimentos, à área emocional e afetiva (comportamentos, atitudes e valores). Como categorias desse nível encontramos a receptividade, resposta, valorização, organização e caracterização.
- **Psicomotor:** está relacionado às habilidades físicas, reflexões e percepções. Descritas em uma ordem que inicia por imitação, manipulação, articulação e naturalização.

Quadro 3. As seis categorias de Bloom.

Conhecimento	Compreensão	Aplicação	Análise	Síntese	Avaliação
Refere-se à habilidade de recordar, definir, reconhecer ou identificar uma informação específica, a partir de situações de aprendizagem anteriores.	Refere-se à habilidade de demonstrar compreensão pela informação, sendo capaz de reproduzir a mesma por ideias e palavras próprias.	Refere-se à habilidade de recolher e aplicar uma informação em uma situação ou problemas concretos.	Refere-se à habilidade de estruturar uma informação, separando as partes das matérias de aprendizagem e estabelecer relações, explicando-as, entre as partes constituintes.	Refere-se à habilidade de recolher e relacionar informações de fontes variadas, formando um produto novo.	Refere-se à habilidade de realizar julgamento sobre o valor de algo (produtos, ideias, etc.) tendo em consideração critérios conhecido.
Lista de verbos recomendados					
Apontar Definir Enunciar Inscrever Marcar Recordar Relatar Repetir Nomear Sublinhar	Descrever Discutir Esclarecer Examinar Explicar Expressar Identificar Localizar Narrar Reafirmar Traduzir Transcrever	Aplicar Demonstrar Dramatizar Empregar Ilustrar Interpretar Praticar Traçar Usar	Analisar Calcular Classificar Comparar Contrastar Criticar Debater Diferenciar Distinguir Examinar Provar Investigar Experimentar	Articular Compor Coordenar Criar Dirigir Reunir Formular Organizar Planejar Propor Esquematizar	Apreciar Avaliar Eliminar Escolher Estimar Julgar Ordenar Preferir Selecionar Validar Valorizar

Fonte: adaptado de Clarity Solutions ([2015]).

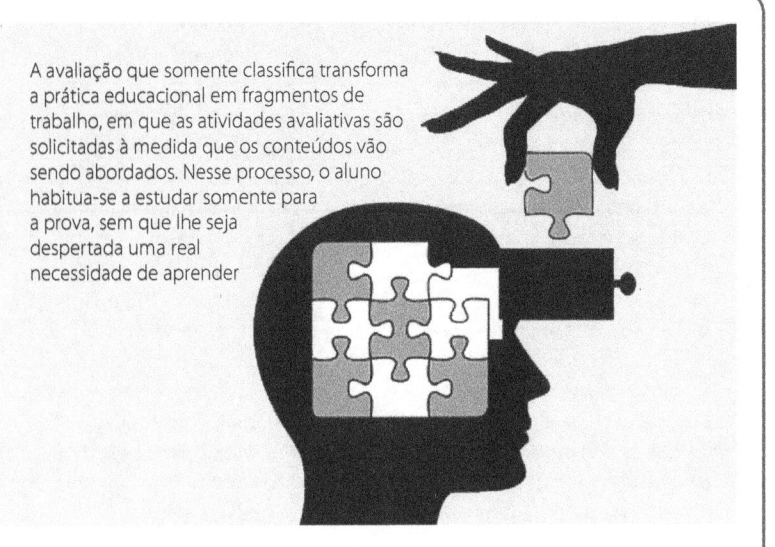

A avaliação que somente classifica transforma a prática educacional em fragmentos de trabalho, em que as atividades avaliativas são solicitadas à medida que os conteúdos vão sendo abordados. Nesse processo, o aluno habitua-se a estudar somente para a prova, sem que lhe seja despertada uma real necessidade de aprender

Figura 3. Exemplo da utilização de uma Avaliação Somativa.
Fonte: TIPOS... ([201-?]).

Exercícios

1. (FUNRIO, 2013) A citação abaixo foi extraída do inciso V do Artigo 24 da LDB 9394/96:
a) Avaliação contínua e cumulativa do desempenho do aluno, com prevalência dos aspectos qualitativos sobre os quantitativos e dos resultados ao longo do período sobre os de eventuais provas finais;
b) Possibilidade de aceleração de estudos para alunos com atraso escolar;
c) Possibilidade de avanço nos cursos e nas séries mediante verificação do aprendizado;
d) Aproveitamento de estudos concluídos com êxito;
e) Obrigatoriedade de estudos de recuperação, de preferência paralelos ao período letivo, para os casos de baixo rendimento escolar, a serem disciplinados pelas instituições de ensino em seus regimentos.
Nela, pode-se perceber que, no que tange à avaliação do rendimento escolar, há uma preocupação e uma ênfase na:
a) Recuperação dos estudos paralelos ao longo do ano letivo.
b) Promoção dos estudantes ao longo de sua escolaridade.
c) Verificação dos desempenhos quantitativos dos alunos.
d) Ordenação dos estudantes nos diferentes anos de escolaridade.

e) Classificação dos estudantes para fins de aprovação/reprovação.
2. Para ocorrer a realização efetiva da avaliação somativa, ela precisa ser cuidadosamente planejada pelo professor. Durante a fase de planejamento dessa avaliação, o professor precisa considerar algumas questões, EXCETO:
a) O que devo avaliar?
b) Deve-se usar uma prova feita pelo professor ou uma avaliação disponível no livro didático?
c) Qual deve ser a duração da prova?
d) Que tipos de questões ou tarefas de avaliação devem ser passadas?
e) As provas não são, necessariamente, uma amostra representativa daquilo que foi ensinado em aula?
3. A taxonomia de Bloom é uma classificação que dividiu as aprendizagens em três grandes domínios: cognitivo, afetivo e psicomotor. Cada um dos domínios apresentam níveis de profundidade de aprendizado e, para cada domínio, ainda uma gama de verbos são utilizados para buscar localizar habilidades específicas. Russell e Airasian (2014, p. 123) elencam que: "com base em avaliações iniciais, no currículo dos seus alunos, no livro didático e em outros recursos instrucionais à sua disposição, o Sr. Wysocki decide que a unidade irá se focar nos seguintes objetivos, aos quais adicionamos a nomenclatura das taxonomias de Bloom".
Enumere os objetivos e suas respectivas nomenclaturas:
(1) Síntese.
(2) Aplicação.
(3) Conhecimento.
(4) Compreensão.
(5) Análise.
( ) O aluno pode nomear os três estágios do processo de escrita (isto é, pré-escrita, escrita e revisão).
( ) O aluno pode explicar em suas próprias palavras os propósitos dos três estágios do processo de escrita.
( ) O aluno pode escolher os tópicos frasais em determinados parágrafos dissertativos.
( ) O aluno pode escrever um tópico frasal para determinado tópico dissertativo.
( ) O aluno pode escrever um parágrafo dissertativo com um tópico frasal, descrição e conclusão.
Marque a sequência CORRETA:
a) 3, 4, 2, 5, 1.
b) 4, 3, 2, 5, 1.
c) 3, 2, 4, 5, 1.
d) 3, 4, 5, 2, 1.
e) 4, 5, 3, 1, 2.
4. A avaliação somativa tem seus problemas e dificuldades. Marque nas assertivas abaixo V (para verdadeira) e F (para falsa) com relação às boas práticas necessárias aos professores durante o planejamento e execução da avaliação somativa.
( ) Inclusão de tópicos ou objetivos ensinados aos alunos.
( ) Escolher questões que permitam que os alunos demonstrem apenas o aprendizado.
( ) Utilizar as provas como punição aos alunos por desatenção ou mau comportamento.
( ) Escolher ou desenvolver

uma prova sempre revisando a instrução fornecida.
Marque a opção que apresenta a sequência CORRETA.
a) V – F – V – V.
b) F – V – F – V.
c) F – F – F – V.
d) V – V – F – V.
e) V – V – V – F.

5. Em alguns momentos de nosso percurso escolar, temos recordações de práticas de avaliação realizadas pelos nossos professores que deixaram marcas e até danos em nossa formação. Agora, sendo você um professor, precisa refletir acerca de tais danos e considerar algumas outras questões que RUSSELL e AIRASIAN (2014) postulam. Abaixo, marque V (para verdadeira) e F (para falsa) no que diz respeito à prática de avaliação que não cause danos aos alunos:

( ) A avaliação pode ser a única justificativa para a reprovação de um aluno em uma série. Ela é eficaz e promove a aprendizagem por repetição na série seguinte.
( ) Nem todos os alunos demonstram a aprendizagem da mesma forma, usando o mesmo instrumento.
( ) Quando o aluno apresenta um mau desempenho na avaliação, não é necessário que o professor aponte a ele em qual momento do ensino ele precisa retornar e focar mais para que haja a aprendizagem.
( ) O papel dos professores nos processos de ensino e de aprendizagem não deve ser o de ensinar os alunos a fazerem provas, a terem boas notas.

Marque a sequência CORRETA.
a) F – V – F – V.
b) V – V – V – F.
c) F – V – F – F.
d) V – F – V – V.
e) F – F – F – V.

Referências

AVALIAÇÃO ESCOLAR. *Avaliação Somativa: Classificatória*. 2014. Disponível em: <http://grupoavalicao5a.blogspot.com.br/search?q=Fun%C3%A7%C3%A3o+classificat%C3%B3ria.+>. Acesso em: 26 set. 2017.

BLOOM, B. S.; HASTINGS, T.; MADAUS, G. *Manual de avaliação formativa e somativa do aprendizado escolar*. São Paulo: Pioneira, 1993.

CLARITY SOLUTIONS. *Taxonomia de Bloom*: domínio cognitive. [2015]. Disponível em: <https://claritybr.files.wordpress.com/2015/11/taxonomia_bloom.jpg>. Acesso em: 18 set. 2017.

HAYDT, R. C. Avaliação no processo de ensino-aprendizagem. São Paulo: Ática, 1991.

INSTITUTO UNIBANCO. *Como utilizar as avaliações externas para melhorar a aprendizagem*. 2016. Disponível em: <http://www.institutounibanco.org.br/aprendizagem-em-foco/8/>. Acesso em: 18 set. 2017.

RUSSELL, M. K.; AIRASIAN, P. W. *Avaliação em sala de aula:* conceitos e aplicações. 7. ed. Porto Alegre: AMGH, 2014.

TIPOS de avaliação educacional. [201-?]. Disponível em: <http://ava.opet.com.br/conteudo/editora/curso_cosmopolis/avaliacao_educacional/PDF_ava_educ_UT6.pdf>. Acesso em: 18 set. 2017.

ZABALA, A. *A prática educativa*: como ensinar. Porto Alegre: Artmed, 1998.

Leituras recomendadas

LUCKESI, C. C. *Avaliação da aprendizagem escolar:* estudos e proposições. São Paulo: Cortez, 1995.

PERRENOUD, P. *Avaliação*: da excelência à regulação das aprendizagens: entre duas lógicas. Porto Alegre: Artmed, 1999.

UNIDADE 3

Principais instrumentos de desenvolvimento e aprendizagem

Objetivos de aprendizagem

Ao final deste texto, você deve apresentar os seguintes aprendizados:

- Discutir a objetividade e a subjetividade do processo de avaliação da aprendizagem.
- Identificar e analisar diferentes instrumentos de avaliação da aprendizagem.
- Considerar os diferentes instrumentos para cada um dos momentos avaliativos.

Introdução

Neste capítulo, trataremos dos principais instrumentos de avaliação, que assim como os objetivos das modalidades de avaliação são diversos, os instrumentos de capitação dos diferentes objetivos também precisam ser diversos. Vamos aprender um pouco sobre a objetividade e a subjetividade na avaliação, atividades, instrumentos e técnicas de avaliação e, ainda, sobre os tipos de instrumentos mais indicados para cada um dos momentos ou modalidades de avaliação da aprendizagem.

Objetividade e subjetividade do processo de avaliação da aprendizagem

Ao falarmos sobre desenvolvimento e aprendizagem, inevitavelmente, se faz necessário abordar a temática da avaliação e suas implicações. Nesse sentido, é preciso pensar a avaliação não como uma atividade ao final de um período, pois a avaliação está intimamente ligada ao processo e, por esse motivo, deve ser realizada ao longo da trajetória acadêmica e no decorrer dos momentos e atividades educativas:

> Avaliação: proveniente do latim *valere* significa ter ou dar valor a algo, validar ou tornar válido, digno. Avaliação refere a processos de construção de sentidos e conhecimentos sobre sujeitos, objetos ou coisas, atividades e instituições, colocados em relação educativa ou profissional durante determinado período de tempo. (LEITE, 2006, p. 461)

E ainda salienta que a avaliação:

> Necessita de uma pluralidade de enfoques e a cooperação ou a concorrência de diversos ramos de conhecimentos e metodologias de várias áreas, não somente para que seja entendida ou reconhecida intelectualmente, mas também para poder ela própria se exercitar concretamente de modo fundamentado, de diferentes modos e com distintos modelos, em seu funcionamento sócio-histórico. (LEITE, 2006, p. 461)

Assim, a avaliação não deve ser considerada fora do contexto e deve ser um ato ou ação para qualificação dos processos de ensinar e aprender. Luckesi (2011) afirma que avaliar implica a disposição de acolher, abraçando a possibilidade de uma situação ser agradável ou desagradável, satisfatória ou insatisfatória. Ainda salienta que avaliar um estudante sugere, também, acolher seu modo de ser, para, a partir daí, decidir o que fazer e como fazer.

Nessa perspectiva, a avaliação vai muito além da realização de exames classificatórios e de julgamentos. Pois o ato de avaliar deve ser inclusivo e não punitivo, deve ser utilizado para proporcionar o crescimento dos estudantes e sua constante evolução, sendo que a avaliação deve possibilitar a orientação do processo de ensino e de aprendizagem.

Cabe aqui considerar que a avaliação da aprendizagem, também está inserida, em alguma instância, na regulamentação da educação brasileira, conformado pelo sistema nacional de avaliação. Em se tratando de um sistema nacional de avaliação, o mesmo é regulamento pela legislação vigente e pelas políticas públicas de educação. Ao longo dos anos, tais políticas sofreram modificações importantes, seja pelas demandas do mundo globalizado, seja pelo aumento da população em geral e, também, em idade escolar. De acordo com Azevedo e Aguiar (1999), entende-se por Políticas Educacionais:

> Um conjunto de políticas públicas sociais, expressão da ação (ou não ação) social do Estado e que têm como principal referente a máquina governamental no movimento de regulação do setor de educação. Elas expressam os referentes normativos subjacentes às políticas e que podem se materializar nas distintas filosofias de ação. Neste processo interagem distintos atores sociais e as ações são explicitadas através de programas (AZEVEDO; AGUIAR, 1999, p. 74-75).

Ainda,

> São, portanto, políticas sociais inseridas no espaço teórico-analítico das políticas públicas, que representam a materialidade da intervenção do Estado. As políticas públicas (educacionais) são definidas, implementadas, reformuladas ou desativadas "com base na memória da sociedade ou do Estado em que têm lugar e que por isso guardam estreita relação com as representações sociais que cada sociedade desenvolve sobre si própria. (AZEVEDO, 2004, p.5).

O sistema de avaliação reflete um conjunto de políticas frente a demandas sociais e servem de instrumento de medida do desenvolvimento e aprendizagem na educação brasileira. Neste sentido, apresentamos o texto da Lei, que após muitos debates, emendas e reformulações foi promulgada no dia 20 de dezembro de 1996 e publicada a Lei 9.394/96 no Diário Oficial da União (BRASIL, 1996).

Sobre a Educação o texto da Lei 9.394/96 apresenta em seu artigo primeiro:

> Art. 1º A educação abrange os processos formativos que se desenvolvem na vida familiar, na convivência humana, no trabalho, nas instituições de ensino e pesquisa, nos movimentos sociais e organizações da sociedade civil e nas manifestações culturais.
> § 1º Esta Lei disciplina a educação escolar, que se desenvolve, predominantemente, por meio do ensino, em instituições próprias.

§ 2º A educação escolar deverá vincular-se ao mundo do trabalho e à prática social. (BRASIL, 1996).

Tal como apresentado na LDB, a educação ou o processo formativo abarcam e/ou transcendem as paredes das salas de aula e os muros das escolas, nesse sentido toda a avalição implica a perspectiva do avaliador e dos agentes avaliativos. Diferentes autores abordam a impossibilidade de a avaliação ser neutra, uma vez que: "[...] as teorias de avaliação não são neutras e sempre correspondem às diferentes concepções sociais de mundo" (GAMA, 2009, p. 190). Assim, apresentam-se os aspectos objetivos e subjetivos da avaliação.

A subjetividade está presente nos processos avaliativos uma vez que, inevitavelmente, implica, em certa medida, na opinião do avaliador. Mesmo utilizando-se de instrumentos para realizar a avaliação, o professor acaba por emitir juízo de valor sobre os instrumentos, levando em consideração os aspectos observados durante sua prática e convivência com seus alunos. Teixeira e Nunes (2008, p. 104), aponta que: "[...] avaliar é saber conhecer o que cada aluno consegue e saber exigir o que cada um é capaz de dar, compelindo outras ações além dessas."

Assim, a avaliação subjetiva considera o olhar e as impressões do avaliador, no caso da educação, a figura do professor é entendida como avaliador das conquistas e dificuldades do estudante. Embora a subjetividade esteja disposta, também, a partir da objetividade, a avaliação subjetiva verifica aspectos que não podem ser medidos e/ou vislumbrados pela objetividade.

Já a avaliação objetiva leva em consideração os resultados dos instrumentos de avaliação, tais como, os testes, provas, atividades, sendo medidos, em geral, pelas respostas dadas pelos estudantes. Neste tipo de avaliação, há menos espaço para a interferência do avaliador, embora seu olhar esteja imbricado, também nesta avaliação.

Diferentes instrumentos de avaliação da aprendizagem

Avaliação, independentemente do nível de ensino, requer planejamento detalhado e objetivos claros. Pois é a partir disso que o professor desenvolverá as atividades e interações com os estudantes, e que culminarão na avaliação da sua aprendizagem. Sendo que a avaliação deve ser orientadora para a prática de ensino, também pode ser um balizador para o próprio estudante posicionar-se em seu processo de aprendizagem. Autores como Leite (2006), Luckesi (2011),

Hoffmann (2001) afirmam que o professor deve utilizar diferentes instrumentos para a avaliação da aprendizagem dos seus alunos, pois, assim, terão maior possibilidade de atender os diferentes perfis de estudantes presentes em uma mesma sala de aula.

De acordo com Hoffmann (2001, p. 21), a avaliação da aprendizagem não deve objetivar somente: "[...] a verificação e o registro de dados do desempenho escolar, mas a observação permanente das manifestações de aprendizagem para proceder a uma ação educativa que otimize percursos individuais." Mas ainda assim, é importante realizar atividades avaliativas e registros destas atividades.

Vejamos alguns instrumentos de avaliação que podem ser utilizados para auxiliar o trabalho do professor em atividades educativas. Tais instrumentos devem ser utilizados de acordo com o perfil dos estudantes, ou seja, o professor poderá escolher o que melhor se adapta à turma de alunos com os quais está desenvolvendo suas atividades, sem perder de vista os objetivos presentes em seu planejamento didático.

Um instrumento que pode ser utilizado para avaliação é a **observação**. Esta pode ser considerada uma ferramenta auxiliar ao trabalho do professor, uma vez que ele realiza o registro do desenvolvimento das atividades e a postura de cada estudante.

A observação como instrumento de avaliação requer a sistematização desta ação, uma vez que o registro deve ser feito ao longo do processo e não somente ao final, sendo que, assim como toda atividade de cunho pedagógico, a observação necessita ser permeada por objetivos claros e identificando os diferentes momentos da observação (sala de aula, atividades no pátio da escola, atividades dirigidas, momentos de atividades livres, etc).

As **provas**, por sua vez, são utilizadas para mensurar o conhecimento adquirido pelo estudante durante o processo de ensino e de aprendizagem. Elas podem ser de caráter objetivo ou dissertativo, sendo que uma mesma prova pode contar questões dos dois tipos. Assim como os demais instrumentos de avaliação, as provas devem levar em consideração os objetivos de aprendizagem trabalhados ao longo do processo, sendo recomendável, de acordo com Lima e Grillo (2010), que não se reduza o processo avaliativo somente a provas, mas outras opções e instrumentos sejam considerados.

A **apresentação de trabalho** em grupo também é uma opção de instrumento avaliativo. Nesta atividade, a turma é dividida em grupo em que cada um fica responsável por desenvolver e apresentar um tema para o grupo maior. Neste tipo de atividade é importante definir os critérios que serão considerados na apresentação, tais como, postura dos alunos, domínio da temática apresentada, envolvimento dos participantes, o uso de recursos, mas também o envolvimento dos demais estudantes da turma com a apresentação dos colegas. Lima e Grillo (2010) sugerem como atividade para os estudantes, exceto o grupo apresentador, o registro por escrito das considerações sobre a apresentação do grupo, pois assim os estudantes também serão corresponsáveis pela avaliação da atividade e de seus colegas.

A **autoavaliação** também é um importante instrumento de avaliação, pois este exercício possibilita ao estudante refletir sobre sua aprendizagem e sua participação ao longo do processo. De acordo com Grillo e Freitas (2010) a autoavaliação possibilita que o aluno reoriente sua aprendizagem, desde que seja uma atividade sistemática e seja realizada com o acompanhamento do professor, para que juntos possam rever a melhor forma de promover o crescimento a partir da trajetória já trilhada.

O **portfólio** pode ser utilizado para manter a memória das atividades realizadas ao longo de um período letivo, em geral, é utilizado para o acompanhamento da aprendizagem dos estudantes ao longo do processo, sendo que também pode ser utilizada para avaliação final.

A **redação**, é utilizada como uma opção para avaliar a produção escrita do estudante. Nela também está envolvida, além da escrita, a leitura, pois para que o aluno possa escrever um bom texto, necessita o hábito de ler e a capacidade de relacionar a leitura com a crítica para elaboração de novas criações textuais. Em uma redação, são consideradas as questões gramaticais, mas tão importante quanto, é a argumentação apresentada no texto.

Estes são alguns exemplos de instrumentos de avaliação da aprendizagem.

Link

O Sistema de Educação Superior brasileiro é regido pela LDB, sendo que além desta legislação existe o Plano Nacional de Educação (PNE), regido pela Lei Nº 13.005, de 25 de junho de 2014, que determina diretrizes, metas e estratégias para a política educacional dos próximos dez anos, 2014-2024, e tem por objetivo determinar os parâmetros básicos para a educação nos diferentes estados e municípios da federação. Para saber mais acesse o site do PNE em:

https://goo.gl/4AuAqT

Instrumentos para cada um dos momentos avaliativos

A avaliação pode ser adotada em três diferentes momentos durante o processo de ensino e de aprendizagem. Em geral, estes são considerados de acordo com suas modalidades: Avaliação Diagnóstica, Avaliação Formativa e Avaliação Somativa. Cada uma destas modalidades possui uma função específica, porém complementares, para o trabalho do professor e para a aprendizagem dos alunos.

A **avaliação diagnóstica** é realizada no início do curso e/ou do ano letivo, sendo utilizada para auxiliar o professor a traçar a melhor abordagem para atingir os objetivos educacionais traçados. Ou seja, é base orientadora para o professor planejar sua ação educativa a partir do seu planejamento.

> Para que a avaliação diagnóstica seja possível, é preciso compreendê-la e realizá-la comprometida com uma concepção pedagógica. No caso, considerarmos que ela deva estar comprometida com uma proposta pedagógica histórico-crítica, uma vez que esta concepção está preocupada com a perspectiva de que o educando deverá apropriar-se criticamente de conhecimentos e habilidades necessárias à sua realização como sujeito crítico dentro desta sociedade que se caracteriza pelo modo capitalista de produção. A avaliação diagnostica não se propõe e nem existe uma forma solta isolada. É condição de sua existência e articulação com uma concepção pedagógica progressista. (LUCKESI, 2003, p. 82)

Nesse sentido, a avaliação diagnóstica pode ser considerada como o ponto de partida para o desenvolvimento do processo de ensino, uma vez que se propõe a identificar a realidade dos estudantes, seus conhecimentos prévios e ainda possíveis dificuldades que possam ter em determinada área do conhecimento.

A **avaliação formativa** é realizada a partir dos objetivos de aprendizagem, ela serve para detectar dificuldades dos estudantes e, assim, auxiliar o professor a replanejar suas atividades e sua prática para atender as necessidades dos alunos. Ela deve ser realizada ao longo do processo, sendo que dependendo do resultado, o professor poderá prosseguir com o trabalho ou ainda reavaliar suas ações para a qualidade do ensino e da aprendizagem.

> Formativa tem como função informar o aluno e o professor sobre os resultados que estão sendo alcançados durante o desenvolvimento das atividades; melhorar o ensino e a aprendizagem; localizar, apontar, discriminar deficiências, insuficiências, no desenvolvimento do ensino-aprendizagem

para eliminá-las; proporcionar feedback de ação (leitura, explicações, exercícios) (SANT'ANNA, 2009, p. 34).

Já a **avaliação somativa** é realizada para a classificação da aprendizagem dos estudantes, sendo realizada, em geral, ao final de um período letivo ou curso, classificando os alunos de acordo com os níveis de aproveitamento.

Medir significa determinar a quantidade, a extensão ou o grau de alguma coisa, tendo por base um sistema de unidades convencionais. Na nossa vida diária estamos constantemente usando unidades de medidas, unidades de tempo. O resultado de uma medida é expresso e números. Daí a sua objetividade e exatidão. A medida se refere sempre ao aspecto quantitativo do fenômeno a ser descrito (HAYDT, 2002, p. 9).

Vejamos, na Tabela 1, alguns exemplos de instrumentos para cada momento de avaliação.

Tabela 1. Representação esquemática do ciclo celular. Exemplos de instrumentos para cada momento da avaliação.

MODALIDADE	FINALIDADE	MOMENTO	INSTRUMENTOS
Diagnóstica	Diagnosticar dificuldades e conhecimentos já construídos	Início do ano letivo, curso, ou início de uma unidade de aprendizagem	Prova, testes
Formativa	Verificar se os objetivos estabelecidos estão sendo alcançados, sendo também auxiliar para a reorganização da prática do professor	Ao longo do processo educativo, ou seja, ao logo do ano letivo ou curso	Observação, Portfólio
Somativa	Classificar a aprendizagem de acordo com o conhecimento construído	Ao final do ano letivo, curso, ou ao final de uma unidade de aprendizagem	Apresentação de trabalho, Autoavaliação, Prova

Vale ressaltar que, assim como abordado na literatura, a avaliação deve ser processual, ou seja, deve ser realizada ao longo do processo educativo, como meio de acompanhamento da aprendizagem dos estudantes e como subsídio para a prática do professor. Sendo que esta avaliação também serve para que o professor repense sua prática e reveja suas ações ao longo do processo e reavalie as atividades traçadas em seu planejamento para atender as necessidades de aprendizagem de seus estudantes.

Link

Conheça os "Os nove jeitos mais comuns de avaliar os estudantes e os benefícios de cada um", publicado pela Revista Nova Escola, disponível em:

https://goo.gl/57N4F6

Exercícios

1. "Se você tem como instrumento um martelo, tem tendência a tratar tudo como um prego, mas também é certo que um instrumento pode ajudá-lo a fazer um bom caminho." (VESLIN, 1988 apud SANMARTÍ, 2009, p. 184). Mediante a citação, pode-se afirmar que a diversificação de instrumentos utilizados nos diferentes momentos de avaliação da aprendizagem faz-se necessária, pois:

   a) Os alunos que não se saem bem durante a aplicação de uma prova têm a possibilidade de serem bem-avaliados pela observação dos professores.

   b) As diferentes modalidades de avaliação da aprendizagem distinguem-se pelos objetivos, mas principalmente pelos instrumentos diversos que utilizam.

   c) Não é necessário diversificar os instrumentos de avaliação, já que todos avaliam os mesmos objetivos e tendências.

   d) Para avaliar, pode-se utilizar grande variedade de atividades, instrumentos e técnicas, mas muitas vezes os instrumentos convertem-se em protagonistas, quando de fato são somente meios para alcançar diferentes atividades, isso sim, meios que podem facilitar a tarefa.

e) Os instrumentos de avaliação não devem ser escolhidos em função dos objetivos da avaliação e do tipo de conteúdo que será avaliado.

2. "Diferentes modalidades de aprendizagem requerem diferentes tipos de instrumentos de avaliação." (SANMARTÍ, 2009, p. 98). Posto isto, além da modalidade de avaliação, o que mais precisa ser considerado para a escolha do instrumento de avaliação a ser utilizado?
   a) Os objetivos de aprendizagem e o tempo em que cada estudante aprende.
   b) Os objetivos e conteúdos que foram perpassados pelos professores com os alunos.
   c) Os dados coletados em outras avaliações e o currículo integral da etapa cursada.
   d) Os objetivos didáticos e a verificação se o instrumento é realmente bom para avaliar.
   e) A diversificação dos instrumentos de avaliação não é um fator que precisa ser considerado.

3. O instrumento de avaliação a ser escolhido deve variar em função de seu objetivo, assim temos portfólios, pastas de trabalho, apresentações, pesquisas, exposições orais, todos instrumentos válidos e que precisam ser analisados segundo critérios que busquem identificar o que o aluno sabe, ou antes, o que pensa que sabe. Uma avaliação interessante é a que propõe uma reflexão conceitual, quando questiona o que o aluno precisa saber para resolver essa tarefa. Sobre os instrumentos de avaliação, marque a alternativa INCORRETA:
   a) O instrumento de avaliação é também um instrumento de aprendizagem.
   b) Mapas conceituais podem ser instrumentos de avaliação utilizados, tanto na avaliação diagnóstica quanto na avaliação da representação dos objetivos.
   c) Os instrumentos de avaliação devem se converter em protagonistas da avaliação, são eles os principais meios para alcançar diferentes finalidades.
   d) As modalidades de avaliação — diagnóstica, formativa ou somativa — distinguem-se basicamente pelos objetivos que possuem, mais do que pelos instrumentos que utilizam.
   e) Constantemente os professores estão mais interessados em mensurar habilidades cognitivas e conhecimentos importantes que são o objetivo da instrução.

4. "Em vez de criar uma única solução, o design universal passou a englobar o conceito de criar abordagens flexíveis que podem ser adaptadas com base em necessidades individuais." (RUSSELL& AIRASIAN, 2014, p. 169). Dessa forma, o conceito de design universal aplica conceitos do design ao considerar as necessidades de acessibilidade e de aprendizagem dos alunos no desenvolvimento de materiais instrucionais. Agora, marque a alternativa que indica de forma INCORRETA um dos princípios da Universal Design for Learning (UDL):
   a) Apresentação da mesma informação em formatos

diferentes, utilizando mídias acessíveis.
b) Oferecimento de meios alternativos de ação e de expressão do conhecimento.
c) Oferecimento de meios alternativos de envolvimento dos alunos.
d) O objetivo do design universal é criar uma única solução de design instrucional que seja aplicável a todos os alunos.
e) O objetivo do design universal não é criar uma única solução acessível a todos os alunos, mas pelo contrário, criar uma avaliação que permita antecipar as necessidades de acessibilidade de alunos em potencial e criar métodos que permitam a todos o acesso, o envolvimento e a resposta ao conteúdo da prova.

5. Sanmartí (2009) realizou um levantamento de possíveis instrumentos diferenciados em função de suas finalidades didáticas. Este levantamento não tem a pretensão de ser exaustivo e nem de solucionar todas as possíveis questões que o professor pode apresentar como dificuldade no momento da escolha do instrumento de avaliação, mas esclarecer que a avaliação de resultados da aprendizagem pode se dar por diferentes formas, EXCETO:

a) Elaboração de questões cujas respostas exijam relacionamento de questões ligadas a conhecimentos e análise de situações não necessariamente trabalhadas anteriormente.
b) Confecção de trabalhos como maquetes, textos, apresentações orais ou encenação de peças teatrais.
c) Elaboração de mapas conceituais pelos alunos e utilização de brincadeiras e jogos, inclusive RPG.
d) Revisão das questões iniciais com análise da evolução do conhecimento no decorrer do tempo.
e) Estabelecimento de grade de critérios de avaliação que serão utilizados na autoavaliação.

Referências

AGUIAR, M. A. S.; AZEVEDO, J. M. L. Políticas de Educação: concepções e programas. Revista *Séries Estudos e Pesquisas,* Brasília, DF, v. 6, p. 65-76, 1999.

BRASIL. *Lei nº 9.394, de 20 de dezembro de 1996*. Estabelece as diretrizes e bases da educação nacional. Brasília, DF, 1996. Disponível em: <http://www.planalto.gov.br/ccivil_03/leis/L9394.htm>. Acesso em: 02 set. 2017.

GAMA, Z. *Avaliação educacional: para além da unilateralidade objetivista/subjetivista.* Estudos de Avaliação Educacional, v. 20, n. 43, p. 60-72, ago. 2009.

GRILLO, M. C.; FREITAS, A. L. S. *Autoavaliação*: por que e como realizá-la?. In: GRILLO, M. C.; GESSINGER, R. M. (Org.). Por que falar ainda em avaliação. Porto Alegre: Edipucrs, 2010. p. 45-50.

HAYDT, R. C. *Avaliação do processo de ensino-aprendizagem*. 6. ed. São Paulo: Ática, 2002. (Série Educação).

HOFFMANN, J. *Avaliar para promover*: as setas do caminho. Porto Alegre: Mediação, 2001.

LEITE, D. *Avaliação da Educação Superior*. In: MOROSINI, M. (Org.). Enciclopédia de Pedagogia Universitária. Brasília, DF: INEP, 2006. p. 459-506.

LIMA, V.; GRILLO, M. *Questões sobre avaliação da aprendizagem*: a voz dos professores. In: GRILLO, M. C.; GESSINGER, R. M. (Org.). Por que falar ainda em avaliação. Porto Alegre: Edipucrs, 2010. p. 23-34.

LUCKESI, C. C. *Avaliação da aprendizagem: componente do ato pedagógico*. 4. reimpr. São Paulo: Cortez, 2011.

LUCKESI, C. C. *Avaliação da aprendizagem escolar: estudos e proposições*. 15. ed. São Paulo: Cortez, 2003. SANT'ANNA, I. M. Por que avaliar? Como avaliar?: critérios e instrumentos. 13. ed. Petrópolis, RJ: Vozes, 2009.

TEIXEIRA, J.; NUNES, L. *Avaliação escolar: da teoria à prática*. Rio de Janeiro: Wak, 2008.

Leitura recomendada

LUCKESI, C. C. O que é mesmo o ato de avaliar a aprendizagem? Revista *Pátio*, Porto Alegre, ano 3, n. 12, p. 2. fev./abr. 2000. Disponível em: <https://www.nescon.medicina.ufmg.br/biblioteca/imagem/2511.pdf>. Acesso em: 17 ago. 2017.

Os sistemas de avaliação da educação básica: Saeb, Encceja e Provinha Brasil

Objetivos de aprendizagem

Ao final deste texto, você deve apresentar os seguintes aprendizados:

- Conhecer em seus pormenores o Saeb.
- Conhecer em seus pormenores o Encceja.
- Conhecer em seus pormenores a Provinha Brasil.

Introdução

Neste capítulo, você vai estudar os três sistemas de avaliação da Educação Básica: Sistema de Avaliação da Educação Básica (Saeb); Exame Nacional para Certificação de Competências de Jovens e Adultos (Encceja); e Provinha Brasil: avaliação da alfabetização infantil.

Saeb

A educação básica brasileira é avaliada a partir de um Sistema Nacional de Avaliação da Educação Básica (Saeb), criado em 1990, e tem por objetivo assegurar e aprimorar as avaliações nacionais da Educação Básica, avaliando as dimensões de desempenho e fluxo escolar, para, posteriormente, dar retorno dos dados às escolas (BRASIL, 2017). O Saeb foi instituído por meio da Portaria nº 931, de 21 de março de 2005, que institui o Sistema Nacional de Avaliação da Educação Básica - Saeb.

De acordo com essa Portaria, o Saeb é composto de instrumentos para a avaliação da qualidade da educação básica para orientação de políticas públicas.

O Sistema de Avaliação da Educação Básica – Saeb, instituído em 1990, é composto por um conjunto de avaliações externas em larga escala e tem como principal objetivo realizar um diagnóstico da educação básica brasileira e de alguns fatores que possam interferir no desempenho do estudante, fornecendo um indicativo sobre a qualidade do ensino ofertado. O levantamento produz informações que subsidiam a formulação, reformulação e o monitoramento das políticas públicas nas esferas municipal, estadual e federal, visando a contribuir para a melhoria da qualidade, equidade e eficiência do ensino. Além disso, procura também oferecer dados e indicadores sobre fatores de influência do desempenho dos alunos nas áreas e anos avaliados. Em 2005, o Saeb foi reestruturado. (BRASIL, 2017).

De acordo com Cotta (2014), o Saeb avalia a qualidade do ensino por meio de testes de desempenho aplicados a uma amostra representativa de alunos dos 5º e 9º anos do Ensino Fundamental e do 3º ano do Ensino Médio. O Saeb aplica também questionários socioeconômicos que permitem a investigação sobre os fatores associados ao rendimento escolar. O objetivo é fornecer indicadores que orientem a elaboração e a revisão de políticas federais e estaduais voltadas para a melhoria da qualidade de ensino. Hoje, o Saeb é composto por três avaliações, conforme a Figura 1, Avaliação Nacional da Educação Básica, Avaliação Nacional do Rendimento Escolar e Avaliação Nacional da Alfabetização.

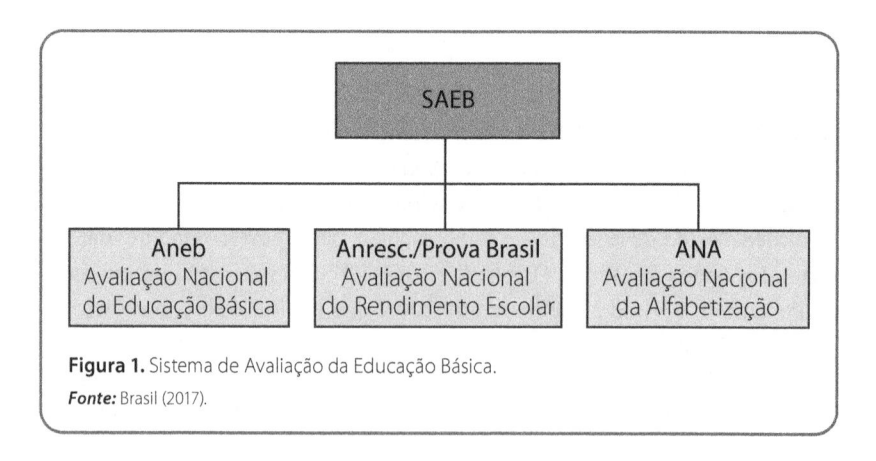

Figura 1. Sistema de Avaliação da Educação Básica.
Fonte: Brasil (2017).

Aneb é a Avaliação Nacional da Educação Básica, que tem por objetivo avaliar a qualidade, a equidade e a eficiência da educação básica brasileira. A mesma forma parte do conjunto de instrumentos que compõem o Saeb, que utiliza os mesmos instrumentos da Prova Brasil /Anresc e é aplicado, também, duas vezes ao ano. A diferença é que abrange, por meio de amostragem, estudantes de escolas públicas e privadas que não obedecem aos critérios para a participação da Anresc, além de contar com os alunos do 3º ano do Ensino Médio regular. Os resultados das etapas e dependências administrativas avaliadas, exclusivamente pela Aneb, são apresentados por regiões geográficas e unidades da federação.

Já a Anresc é a Avaliação Nacional do Rendimento Escolar - Prova Brasil, que tem por objetivo mensurar a qualidade da educação ofertada, a partir dos níveis de aprendizagem dos alunos em Língua Portuguesa e Matemática. A avaliação realizada a cada dois anos com estudantes do 2º ciclo da educação básica, ou seja, estudantes do 5º ao 9º ano. Esta avaliação é obrigatória para todas as escolas públicas brasileiras, desde que as turmas tenham no mínimo 20 alunos matriculados.

Os resultados desta avaliação são disponibilizados para cada escola participante e também para as redes de ensino, sendo, estes resultados, utilizados como subsídios para o planejamento pedagógico das escolas, e para formulação de políticas públicas e ações com vistas à melhoria da qualidade da educação básica.

A ANA, que é a Avaliação Nacional da Alfabetização, como o nome diz, tem por objetivo avaliar o nível de alfabetização dos educandos do 3º ano do Ensino Fundamental, e produzir indicadores sobre as condições de oferta de ensino e auxiliar para a melhoria da qualidade de ensino e redução das desigualdades, em consonância com as metas e políticas estabelecidas pelas diretrizes da educação nacional.

Para tal, são aplicados testes para medir o nível de alfabetização e letramento de estudantes do 3º ano do primeiro ciclo, sendo que as escolas participantes desta avaliação são as escolas públicas que têm, pelo menos, 10 alunos matriculados por cada turma do 3º ano. As provas aplicadas aos alunos fornecem três resultados, a saber, de desempenho em leitura, de desempenho em matemática e de desempenho em escrita. Sendo que, na última edição, foram agregadas duas informações relacionadas ao contexto, que são: o Indicador de Nível Socioeconômico e o Indicador de Formação Docente da escola.

As avaliações realizadas por meio do Saeb são elaboradas por meio de matrizes referência, as quais levam em consideração as competências e habilidades de cada ano e de cada disciplina.

Nesse sentido, o Saeb visa integrar a avaliação de diferentes aspectos, a fim de realizar o levantamento quantitativo, mas também qualitativo sobre a educação básica brasileira, aferindo avaliação, principalmente, nas grandes áreas do conhecimento, Língua Portuguesa e Matemática.

> **Link**
>
> Para saber mais sobre as Matrizes e Escalas da Avaliação, acesso o link:
>
> https://goo.gl/nQH3X7

Encceja

O Exame Nacional para Certificação de Competências de Jovens e Adultos (Encceja) é um exame realizado em nível nacional, sendo sua participação gratuita e voluntária para os estudantes que não concluíram seus estudos em idade apropriada. O exame tem por objetivo avaliar as competências, habilidades e saberes adquiridos no processo escolar ou nos processos formativos que se desenvolvem na vida familiar, na convivência humana, no trabalho, nos movimentos sociais e organizações da sociedade civil e nas manifestações culturais, entre outros (BRASIL, 2016). Assim, o Exame visa construir uma referência nacional de educação para jovens e adultos por meio desta avaliação.

O Encceja pode ser utilizado por pessoas que gostariam de pleitear a certificação de conclusão do Ensino Fundamental, seja para residentes no Brasil ou no exterior, e ainda para os que têm idade mínima de 15 anos completos na data de realização da prova. Para os brasileiros residentes no exterior, também é possível solicitar a certificação para o Ensino Médio, desde que tenham 18 anos completos.

Anteriormente, para os residentes no Brasil, a certificação para o Ensino Médio era realizada por meio da participação na prova do Exame Nacional do Ensino Médio (Enem), e o Encceja utilizado apenas para certificação do Ensino Fundamental. A partir de 2017, por meio da Portaria nº 468, de 3 de abril de 2017, os resultados do Enem não podem mais ser utilizados para fins e certificação do Ensino Médio. Devendo o Encceja ser ofertado, também, para brasileiros que queiram obter a certificação do Ensino. Para isso, o participante deverá optar pelo nível de Ensino que deseja obter o certificado no momento da inscrição.

Para garantir a certificação é preciso realizar o exame que consiste de conteúdos constantes nas áreas do conhecimento estabelecidas a partir do currículo da Base Nacional Comum, de acordo com os Parâmetros Curriculares Nacionais (PCN's). Segundo o Inep (BRASIL, 2016), as provas do Encceja são estruturadas da seguinte forma:

- Para o Ensino Fundamental:
    - Língua Portuguesa, Língua Estrangeira Moderna, Artes, Educação Física e Redação;
    - Matemática;
    - Historia e Geografia;
    - Ciências Naturais.
- Para o Ensino Médio (apenas para os brasileiros residentes no Exterior):
    - Linguagens, Códigos e suas Tecnologias e Redação;
    - Matemática e suas Tecnologias;
    - Ciências Humanas e suas Tecnologias;
    - Ciências da Natureza e suas Tecnologias.

As provas são compostas por 30 questões objetivas de cada componente e, ainda, pela produção de um texto em prosa do tipo dissertativo-argumentativo, a partir de um tema de ordem social, científico, cultural ou político. As provas são realizadas em diferentes cidades brasileiras; e no exterior, em geral, realizadas nos consulados brasileiros. A participação no exame se dá por meio de inscrição no Portal Encceja e a divulgação das datas de realização do exame são anteriormente divulgadas no site do Inep.

Os certificados são emitidos pelas Secretarias Estaduais de Educação, que firmam compromisso formal com o Inep, tanto para a aplicação da prova quanto pela emissão dos certificados. O certificado é válido em todo território nacional e também no exterior, como qualquer outro diploma de conclusão da Educação Básica.

> **Link**
>
> Para conhecer os materiais de estudos do Encceja acesse o site do Inep. O material está disponível em:
>
> https://goo.gl/gmDWsL

Provinha Brasil

A Provinha Brasil é uma avaliação diagnóstica que visa investigar as habilidades desenvolvidas pelas crianças matriculadas no 2º ano do Ensino Fundamental das escolas públicas brasileiras. Tem por objetivo oferecer informações orientadoras, tanto aos professores quanto aos gestores para implementação e operacionalização dos resultados dessa avaliação. Auxiliando, assim, na avaliação dos processos de desenvolvimento dos alunos no que tange a alfabetização e letramento, bem como nas habilidades em matemática.

A Provinha Brasil é composta por conteúdos de Língua Portuguesa e Matemática. Aplicada duas vezes por ano, destinada a todos os alunos matriculados no 2º ano do Ensino Fundamental das escolas públicas brasileiras. Porém, sua adesão é opcional, sendo definida a critério de cada Secretaria de Educação dos estados brasileiros.

Esta avaliação é aplicada em dois períodos, para que seja possível realizar o acompanhamento dos estudantes e realizar o diagnóstico quanto à evolução da aprendizagem dos alunos de uma avaliação para a outra.

De acordo com o Inep (BRASIL, 2015), a Provinha Brasil é um instrumento pedagógico, sem finalidades classificatórias, que fornece informações sobre o processo de alfabetização e de matemática aos professores e gestores das redes de ensino, conforme a Portaria nº 10, de 24 de abril de 2007, que tem os seguintes objetivos:

- Avaliar o nível de alfabetização dos educandos nos anos iniciais do Ensino Fundamental.
- Oferecer às redes e aos professores e gestores de ensino um resultado da qualidade da alfabetização, prevenindo o diagnóstico tardio das dificuldades de aprendizagem.

- Concorrer para a melhoria da qualidade de ensino e redução das desigualdades, em consonância com as metas e políticas estabelecidas pelas diretrizes da educação nacional.

A partir destes objetivos é possível perceber a intensão pela busca de subsídios que possam auxiliar na qualificação do ensino e no acompanhamento da aprendizagem dos estudantes, a fim de fornecer métricas para repensar as ações educativas, tanto a nível institucional quanto em nível de política pública de educação.

A avaliação é realizada por meio de matrizes de referência que dizem respeito às habilidades essenciais de alfabetização e letramento, mas não substitui o currículo escolar relacionado às habilidades de Língua Portuguesa e Matemática. A Matriz de Referência para Avaliação da Alfabetização e do Letramento Inicial contempla questões relacionadas ao aprimoramento do sistema de escrita: habilidades relacionadas à identificação e ao reconhecimento de princípios do sistema de escrita. E a Matriz de Referência para Avaliação da Alfabetização - Matemática contempla questões sobre Números e Operações, Geometria, Grandezas e Medidas e Tratamento da Informação. Para todos os conteúdos as habilidades são avaliadas de acordo com as esperadas para o 2º ano do primeiro Ciclo do Ensino Fundamental.

Exercícios

1. A Provinha Brasil é instrumento pedagógico, sem finalidades classificatórias, que fornece informações sobre o processo de alfabetização e de matemática aos professores e gestores das redes de ensino, conforme Portaria Normativa nº 10, de 24 de abril de 2007. Marque V (caso verdadeiro) e F (caso falso) para os objetivos da Provinha Brasil das afirmativas a seguir:
( ) Avaliar o nível de alfabetização dos educandos nos anos iniciais do Ensino Fundamental e Médio.
( ) Oferecer às redes e aos professores e gestores de ensino um resultado da qualidade da alfabetização, prevenindo o diagnóstico tardio das dificuldades de aprendizagem.
( ) Concorrer para a melhoria da qualidade de ensino e redução das desigualdades, em consonância com as metas e políticas estabelecidas pelas diretrizes da educação nacional.
Marque a alternativa que apresenta a sequência CORRETA:
a) F – V – V.
b) V – F – V.

c) F – F – V.
d) V – V – V.
e) F – V – F.

2. O Saeb tem por objetivo avaliar toda a Educação Básica brasileira e, assim, contribuir para a melhoria de sua qualidade. Para que esta melhoria aconteça de forma consolidada, ele oferece informações, subsídios e monitoramento das políticas públicas voltadas para a Educação Básica. O Saeb é composto por três avaliações externas. Sobre essas avaliações, assinale a alternativa CORRETA:

a) A Avaliação Nacional da Educação Básica (Aneb) ocorre anualmente em todas as escolas da rede pública e privada de áreas rurais e urbanas.
b) Avaliação Nacional do Rendimento Escolar (Anresc) é também conhecida como Prova Brasil ocorre bianualmente e de forma amostral.
c) A Avaliação Nacional da Alfabetização (ANA) ocorre anualmente, sendo uma avaliação censitária e envolve os alunos do 3º ano do Ensino Fundamental das escolas públicas.
d) Na Anresc, todas as escolas que tem pelo menos um aluno matriculado em uma das séries/anos avaliados realizam a avaliação.
e) A Aneb, Anresc e ANA são aplicadas apenas para os alunos do 5º ano do Ensino Fundamental de escolas públicas e privadas, em áreas urbanas e rurais.

3. O Encceja que é o Exame Nacional para Certificação de Competências de Jovens e Adultos é realizado desde 2002 e tem como objetivo avaliar as competências, habilidades e saberes adquiridos no processo escolar ou formativo que se desenvolve na vida familiar, na convivência humana, no trabalho, nos movimentos sociais e organizações da sociedade civil e nas manifestações culturais, entre outros. Marque V (caso verdadeira) e F (caso falsa) para as assertivas abaixo construídas sobre o Encceja:

( ) O Encceja é aplicado em todo o Brasil (inclusive em penitenciárias) e também no exterior.
( ) O exame pode ser realizado para pleitear o certificado de conclusão do Ensino Fundamental de todos aqueles que não o concluíram e que têm, no mínimo, 15 anos completos na data da realização das provas.
( ) Apenas no Brasil, o exame pode ser também realizado buscando a conclusão do Ensino Médio para aqueles que têm, no mínimo, 18 anos completos na data da realização das provas.

Agora, marque a alternativa CORRETA:
a) V – V – F.
b) F – V – F.
c) V – F – F.
d) V – F – V.
e) F – F – F.

4. "A Aneb e a Anresc (Prova Brasil) são duas avaliações complementares que fazem parte do Sistema de Avaliação da Educação Básica. Apesar de algumas características distintas, todos os alunos da Aneb e da Anresc (Prova Brasil) utilizam os mesmos instrumentos na avaliação (provas e questionários)." (Fonte: http://portal.inep.gov.br/web/saeb/semelhancas-e-diferencas) Mediante à citação apresentada, marque a alternativa CORRETA sobre as semelhanças e diferenças entre estas duas avaliações:

a) A Aneb e a Anresc buscam avaliar escolas da rede pública e da rede privada localizadas nas áreas urbana e rural.
b) A Aneb é uma avaliação censitária (todos os estudantes matriculados nas séries avaliadas), enquanto a Anresc é amostral.
c) A Aneb oferece resultados por escola, estado, região e de todo o Brasil, enquanto a Anresc fornece resultado por escola, municípios, unidades da federação, regiões e Brasil.
d) Nas duas avaliações, todos os alunos nas séries selecionadas são avaliados em Língua Portuguesa (foco em leitura), Matemática (foco na resolução de problemas) e Ciências.
e) A Aneb é uma avaliação amostral e a Anresc censitária, sendo que todas as escolas com mais de 20 alunos matriculados na série/ano avaliados devem fazer a prova.

5. Sobre os sistemas de avaliação da Educação Básica e suas peculiaridades, julgue as afirmativas a seguir, sendo V (caso seja verdadeira) e F (caso seja falsa).
( ) A Provinha Brasil diferencia-se das demais avaliações realizadas no país pelo fato de fornecer respostas diretamente aos alfabetizadores e gestores da escola, reforçando sua finalidade de ser um instrumento pedagógico sem fins classificatórios.
( ) O Encceja realizado dentro do Brasil exige apenas a realização de provas objetivas, não sendo realizada redação.
( ) A participação no Saeb e na Prova Brasil é voluntária. Para o Saeb, são feitos sorteios das escolas que irão participar da avaliação. Quanto à Prova Brasil, a adesão é feita pelas secretarias estaduais e municipais de educação.

Marque a sequência CORRETA:
a) V – V – V.
b) V – F – V.
c) F – F – V.
d) F – V – F.
e) V – V – F.

Referências

BRASIL. Ministério da Educação. *Encceja*. 2016. Disponível em: <http://portal.mec.gov.br/encceja>. Acesso em: 01 ago. 2017.

BRASIL. Ministério da Educação. Instituto Nacional de Estudos e Pesquisas Educacionais Anísio Teixeira (INEP). *Provinha Brasil*. 2015. Disponível em: <http://portal.inep.gov.br/web/guest/provinha-brasil>. Acesso em: 01 ago. 2017.

BRASIL. Ministério da Educação. Instituto Nacional de Estudos e Pesquisas Educacionais Anísio Teixeira (INEP). *Saeb*. 2017. Disponível em: <http://portal.inep.gov.br/web/guest/educacao-basica/saeb>. Acesso em: 01 ago. 2017.

BRASIL. Ministério da Educação. *Portaria Normativa n. 10, de 24 de abril de 2007*. Brasília, DF, 2007. Disponível em: <http://download.inep.gov.br/educacao_basica/provinha_brasil/legislacao/2007/provinha_brasil_portaria_normativa_n10_24_abril_2007.pdf>. Acesso em: 02 set. 2017.

BRASIL. Ministério da Educação. Portaria n. 468, de 3 de abril de 2017. *Diário Oficial da União*, Brasília, DF, n. 65, seção 1, p. 40, 04 abr. 2017. Disponível em: <http://www.lex.com.br/legis_27370339_PORTARIA_N_468_DE_3_DE_ABRIL_DE_2017.aspx>. Acesso em: 02 set. 2017.

BRASIL. Portaria n. 931, de 21 de março de 2005. *Diário Oficial da União*, Brasília, DF, n. 55, seção 1, p. 17, 22 mar. 2005. Disponível em: <http://download.inep.gov.br/educacao_basica/prova_brasil_saeb/legislacao/Portaria931_NovoSaeb.pdf>. Acesso em: 01 ago. 2017.

COTTA, T. C. Avaliação educacional e políticas públicas: a experiência do Sistema Nacional de Avaliação da Educação Básica (Saeb). *Revista do Serviço Público*, Brasília, DF, v. 52, n. 4, p. 89-111, 2014.

Leitura recomendada

KLEIN, R. Utilização da teoria de resposta ao item no Sistema Nacional de Avaliação da Educação Básica (Saeb). *Revista Meta*: Avaliação, Rio de Janeiro, v. 1, n. 2, p. 125-140, 2009.

Os sistemas de avaliação da educação básica: Ideb, Enem, Censo Escolar

Objetivos de aprendizagem

Ao final deste texto, você deve apresentar os seguintes aprendizados:

- Conhecer, em seus pormenores, o Ideb.
- Conhecer, em seus pormenores, o Enem.
- Conhecer, em seus pormenores, o Censo Escolar.

Introdução

Neste capítulo, trataremos, especificamente, de três sistemas de avaliação da Educação Básica, sendo: Índice de Desenvolvimento da Educação Básica (Ideb); Exame Nacional do Ensino Médio (Enem); e Censo Escolar.

Ideb

O Ideb não é uma avaliação propriamente dita, na verdade é um indicador – Índice de Desenvolvimento da Educação Básica – para medir a qualidade das instituições públicas de educação básica. O índice é calculado com base nas informações de aprovação escolar, obtidas a partir dos dados do Censo Escolar, e as informações de desempenho por meio dos exames, tais como, Saeb, Prova Brasil.

> O Ideb é um indicador de qualidade educacional que combina informações de desempenho em exames padronizados (Prova Brasil ou Saeb) – obtido pelos estudantes ao final das etapas de ensino (4º e 8º anos do ensino fundamental e 3º ano do ensino médio) – com informações sobre rendimento escolar (aprovação). (BRASIL, 2017).

De acordo com Fernandes e Gremaud (2009):

> Atualmente, o Instituto Nacional de Estudos e Pesquisas Educacionais Anísio Teixeira (INEP/MEC) divulga resultados de avaliações por redes e escolas, sendo o Índice de Desenvolvimento da Educação Básica (IDEB) o principal indicador utilizado para monitorar a qualidade da educação básica. O IDEB, que combina as notas da Prova Brasil/Saeb com as taxas de aprovação, visa coibir tanto a reprovação indiscriminada como a prática de aprovar alunos que nada aprenderam. O IDEB foi, também, utilizado para estabelecer as metas para redes e escolas e, assim, propiciar uma movimentação nacional para que, até 2021, o Brasil atinja o estágio educacional atual dos países desenvolvidos. (FERNANDES; GREMAUD, 2009, p. 1).

Assim, o Ideb faz uso de informações coletadas pelos instrumentos do Sistema Nacional de Avaliação da Educação Básica, ou seja, combina os resultados da pontuação média dos estudantes em exames padronizados ao final de determinada etapa da educação básica, com a taxa média de aprovação dos estudantes da correspondente etapa de ensino. O resultado desta combinação permite obter o valor do indicador por escola e por rede de ensino. Sendo que tal indicador é disponibilizado para toda a sociedade por meio de relatórios técnicos, disponíveis no site do INEP e acessíveis, também, para todas as escolas participantes.

A meta do Ministério da Educação (MEC), com a implementação do Ideb é atingir o maior valor no índice, além de fornecer subsídios para as instituições avaliarem e qualificarem o trabalho realizado para oferta de ensino nas escolas. Para tal, o MEC cria um sistema de metas, em conjunto com as Secretarias Estaduais e Municipais de Educação para que tais índices possam ser melhorados a cada ano. As metas comuns são necessárias, uma vez que as Secretarias de Educação têm autonomia para gerir as escolas estaduais e municipais.

Tais metas são organizadas de acordo com o nível observado no Ideb ao longo dos anos, sendo a projeção de metas calculada a partir destes números. Ainda assim, as metas são elaboradas em nível Municipal, Estadual e Nacional, e pelas etapas da educação básica, anos iniciais e anos finais do Ensino Fundamental e Ensino Médio. A evolução das metas ao longo dos períodos pode ser acompanhada a partir do Quadro 1.

Quadro 1. IDEB - Resultados e Metas.

Anos iniciais do Ensino Fundamental

	IDEB observado						Metas					
	2005	2007	2009	2011	2013	2015	2007	2009	2011	2013	2015	2021
Total	3,8	4,2	4,6	5,0	5,2	5,5	3,9	4,2	4,6	4,9	5,2	6,0

Dependência administrativa

	2005	2007	2009	2011	2013	2015	2007	2009	2011	2013	2015	2021
Estadual	3,9	4,3	4,9	5,1	5,4	5,8	4,0	4,3	4,7	5,0	5,3	6,1
Municipal	3,4	4,0	4,4	4,7	4,9	5,3	3,5	3,8	4,7	4,5	4,8	5,7
Privada	5,9	6,0	6,4	6,5	6,7	6,8	6,0	6,3	6,6	6,8	7,0	7,5
Pública	3,6	4,0	4,4	4,7	4,9	5,3	3,6	4,0	4,4	4,7	5,0	5,8

Anos finais do Ensino Fundamental

	IDEB observado						Metas					
	2005	2007	2009	2011	2013	2015	2007	2009	2011	2013	2015	2021
Total	3,5	3,8	4,0	4,1	4,2	4,5	3,5	3,7	3,9	4,4	4,7	5,5

Dependência administrativa

	2005	2007	2009	2011	2013	2015	2007	2009	2011	2013	2015	2021
Estadual	3,3	3,6	3,8	3,9	4,0	4,2	3,3	3,5	3,8	4,2	4,5	5,3
Municipal	3,1	3,4	3,6	3,8	3,8	4,1	3,1	3,3	3,5	3,9	4,3	5,1
Privada	5,8	5,8	5,9	6,0	5,9	6,1	5,8	6,0	6,2	6,5	6,8	7,3
Pública	3,2	3,5	3,7	3,9	4,0	4,2	3,3	3,4	3,7	4,1	4,5	5,2

Ensino Médio

	IDEB observado						Metas					
	2005	2007	2009	2011	2013	2015	2007	2009	2011	2013	2015	2021
Total	3,4	3,5	3,6	3,7	3,7	3,7	3,4	3,5	3,7	3,9	4,3	5,2

Dependência administrativa

	2005	2007	2009	2011	2013	2015	2007	2009	2011	2013	2015	2021
Estadual	3,0	3,2	3,4	3,4	3,4	3,5	3,1	3,2	3,3	3,6	3,9	4,9
Privada	5,6	5,6	5,6	5,7	5,4	5,3	5,6	5,7	5,8	6,0	6,3	7,0
Pública	3,1	3,2	3,4	3,4	3,4	3,5	3,1	3,2	3,4	3,6	4,0	4,9

Fonte: Brasil (2017).

Importante salientar que as metas fazem parte do Plano de Desenvolvimento da Educação (PDE), que para educação básica estabelece que, até 2022, o Ideb Nacional seja de 6,0. Assim, o Ideb também é um condutor de política pública em prol da qualidade da educação, uma vez que acompanha as metas de desenvolvimento sinalizadas no PDE, que tem como prioridade a qualidade da educação brasileira.

Enem

Criado em 1998, o Exame Nacional do Ensino Médio (Enem) tem por objetivo avaliar o desempenho do estudante ao fim da escolaridade básica. De acordo com o documento base, o Enem, desde sua criação, visa:

> [...] avaliar o desempenho do aluno ao término da escolaridade básica, para aferir o desenvolvimento de competências fundamentais ao exercício pleno da cidadania. [...]. Para tal, assume a concepção de competência como modalidades estruturais da inteligência, ou melhor, ações e operações que utilizamos para estabelecer relações com e entre objetos, situações, fenômenos e pessoas que desejamos conhecer. As habilidades decorrem das competências adquiridas e referem-se ao plano imediato do "saber fazer". Por meio das ações e operações, as habilidades aperfeiçoam-se e articulam-se, possibilitando nova reorganização das competências (aferir o desenvolvimento de competências fundamentais ao exercício pleno da cidadania). (BRASIL, 2017, p. 1-5).

Nesse sentido, o Enem, além de fornecer informações para avaliação da educação básica, visa, também, auferir ao estudante um retorno sobre sua formação e a educação que lhe foi ofertada ao longo dos anos. Assim, de acordo com Cotta (2001):

> O Enem pode ser definido, portanto, como uma prestação de serviços ao cidadão, uma vez que o resultado do exame permite ao indivíduo avaliar o valor agregado pela escolarização à sua bagagem cultural e intelectual e, com base nestas informações, planejar a sua trajetória profissional e a continuidade de seus estudos. Até o momento, porém, o Enem tem sido utilizado principalmente como mecanismo de acesso ao ensino superior, conjugado ao tradicional concurso vestibular.

O Enem é constituído de uma prova e abrange as várias áreas de conhecimento em que se organizam as atividades pedagógicas da escolaridade básica no Brasil. Sendo que, para avaliação dos estudantes, são levados em consideração as diferentes áreas do conhecimento, por meio de provas Provas Objetivas, sendo 45 questões cada, nas áreas de Ciências Humanas e suas Tecnologias, Ciências da Natureza e suas Tecnologias, Linguagens, Códigos e suas Tecnologias, Matemática e suas Tecnologias, além da prova de Redação.

A inscrição é realizada individualmente pelos estudantes e sua realização, ao final do ensino médio, não é obrigatória. Sendo que pode ser utilizado como critério de seleção para os estudantes que pretendem concorrer a uma bolsa no Programa Universidade para Todos (ProUni), além de que sua nota poder ser utilizada para o ingresso em Instituições de Ensino Superior.

Atualmente, algumas instituições Portuguesas de educação superior assinaram uma parceria com o Brasil e passaram a utilizar a nota do Enem para seleção de estudantes brasileiros em universidades portuguesas.

O Enem também possibilita o acesso à educação superior por meio dos seguintes programas:

- Sisu, Sistema de Seleção Unificada, para instituições públicas de educação superior;
- Prouni, Programa Universidade para Todos, que confere bolsas de estudo para estudantes em instituições particulares de educação superior;
- Pronatec, Programa Nacional de Acesso ao Ensino Técnico e Emprego, oferta de cursos de educação profissional e tecnológica no país;
- Fies, Fundo de Financiamento Estudantil, destinado a estudantes de baixa renda, o programa do financia cursos superiores não gratuitos.

Salientamos que ambos os programas citados, utilizam a nota do Enem como critério de seleção e/ou concessão de benefícios.

Para além das notas de ingresso nas universidades, porém, ainda assim, tendo o desempenho no Enem como pano de fundo, as escolas utilizam as oportunidades oferecidas por meio do Enem para planejar as ações institucionais. Lopes e Braña López (2010, p. 106) salientam que: "não é incomum encontrarmos escolas que, em torno do Enem, vêm construindo práticas que estimulam seus alunos aos estudos e buscam sua valorização social e o desenvolvimento de sua autoestima". Assim, o Enem passa a ter efeito, também, sob a organização das escolas de educação básica, que utilizam, de certa maneira, a expectativa em relação aos possíveis benefícios garantidos a partir do Enem, para as ações com os estudantes do ensino médio, como estímulo à participação e dedicação às aulas e atividades escolares.

Censo Escolar

O Censo Escolar, de abrangência nacional, é o principal instrumento de coleta de dados da educação básica. Censo Escolar da Educação Básica é uma pesquisa realizada anualmente pelo Instituto Nacional de Estudos e Pesquisas Educacionais Anísio Teixeira (Inep), sendo obrigatório aos estabelecimentos públicos e privados de educação básica, conforme determina o Art. 4º do Decreto nº 6.425/2008 (BRASIL, 2014).

Por meio de levantamento estatístico, o Censo Escolar abrange todas as etapas da educação básica e profissional.

- Ensino regular (educação infantil, ensino fundamental e médio);
- Educação especial – modalidade substitutiva;
- Educação de Jovens e Adultos (EJA);
- Educação profissional (cursos técnicos e cursos de formação inicial continuada ou qualificação profissional).

O levantamento dos dados é realizado em todas as escolas públicas e privadas, por meio do preenchimento de um formulário por parte das escolas. Sendo que fazem parte das informações constantes do Censo, a matrícula inicial, que contempla dados sobre os estabelecimentos de ensino, turmas, alunos e profissionais escolares em sala de aula. E a situação do aluno, que considera os dados sobre o movimento e rendimento escolar ao final do ano letivo.

As informações são fornecidas por cada escola, sendo utilizadas para atualização do cadastro das escolas junto ao Inep em termos de número de alunos, profissionais de trabalham na instituição, professores e sua formação, espaços físicos e de atendimento aos alunos, equipamentos, etc.

O Censo Escolar é realizado anualmente, sendo que o período para coleta das informações é divulgado pelo Inep, por meio de Portaria específica. Já o envio das informações é realizado por meio do sistema de coleta de dados, o Educa Censo, que ao ser alimentado, fornece relatórios com informações da escola que possibilitam a verificação e análise dos dados declarados.

Além disso, o sistema cruza os dados relativos à Escola, Turma, Aluno e Profissional Escolar para análise dos resultados. Em relação às responsabilidades de cada órgão no recolhimento e análise dos dados, de acordo com a Portaria MEC nº 316, de 4 de abril de 2007, fica assim definido:

a) Ao Inep cabe definir e disponibilizar para os demais atores o cronograma anual de atividades, os instrumentos e os meios necessários à execução do Censo; estabelecer mecanismos de controle de qualidade da informação; organizar e enviar para publicação os resultados; além de avaliar e acompanhar todas as etapas do processo censitário, a fim de garantir o alcance de seus objetivos e o aperfeiçoamento constante;
b) Aos gestores dos sistemas estaduais e municipais de educação cabe treinar os agentes que coordenarão o processo censitário nas respectivas escolas vinculadas; acompanhar e controlar toda a execução do processo censitário no seu território; zelar pelo cumprimento dos prazos e normas estabelecidas, bem como responsabilizar-se solidariamente pela veracidade dos dados declarados nos seus respectivos sistemas de ensino;
c) Aos diretores e dirigentes dos estabelecimentos de ensino público e privado cabe responder ao Censo Escolar da Educação Básica, no sistema Educa censo, responsabilizando-se pela veracidade das informações declaradas (BRASIL, 2017)

Os dados levantados abarcam em torno de 190 mil escolas públicas e privadas, com cerca de 50 milhões de estudantes, em mais 5.500 munícipios. Assim, os dados escolares coletados servem, também, de base para o repasse de recursos do governo federal e para o planejamento e divulgação de dados das avaliações realizadas pelo Inep. (BRASIL, 2017).

Nesse sentido, o Censo Escolar abrange todo o território nacional e fornece informações importantes para o acompanhamento da educação e, também, fornece subsídios para a criação de indicadores para a qualidade da educação brasileira. Bem como, para formulação e monitoramento de políticas públicas educacionais.

Link

Para conhecer os números da educação básica brasileira, acesso o Resumo Técnico publicado pelo INEP. Disponível em:

https://goo.gl/aqzAtX

Exercícios

1. O módulo "Situação do Aluno" é a segunda etapa do Censo Escolar da Educação Básica e tem por objetivo coletar as informações de rendimento e movimento escolar, no final do ano letivo, dos alunos que foram declarados na matrícula inicial do Censo Escolar. Sobre o módulo "Situação do Aluno", nas afirmativas a seguir, marque V (caso verdadeira) e F (caso falsa):
   ( ) Duas situações dos alunos são verificadas nesta coleta como movimento escolar: se ele foi transferido ou se deixou de frequentar, configurando o abandono.
   ( ) Compreende-se por movimento escolar: transferência, deixar de frequentar e falecimento.
   ( ) Compreende-se por rendimento escolar as seguintes situações: aprovado, reprovado e concluinte.
   ( ) A informação de rendimento escolar também se aplica a alunos matriculados em turmas de creches e pré-escolas.
   Agora, marque a sequência CORRETA:
   a) F – V – V – F.
   b) F – F – V – F.
   c) F – F – F – F.
   d) V – V – V – F.
   e) V – F – V – F.

2. "O Censo Escolar é uma pesquisa declaratória realizada anualmente pelo Inep, em regime de colaboração entre a União, os estados, o Distrito Federal e os municípios, que tem por objetivo fazer um amplo levantamento sobre as escolas de educação básica no País. É o mais importante levantamento estatístico educacional brasileiro sobre as diferentes etapas e modalidades de ensino da educação básica e da educação profissional." (INEP - Censo Escolar, 2016).
   Sobre o Censo Escolar, marque a alternativa CORRETA:
   a) As escolas que não possuem acesso à Internet deverão se dirigir à escola mais próxima para realizar o envio dos dados à secretaria de educação.
   b) Os diretores e dirigentes dos

estabelecimentos de ensino são os responsáveis pelas informações declaradas no Censo Escolar. A veracidade dessas informações é de responsabilidade única e exclusiva das escolas.

c) Podem ser consideradas mantenedoras de escolas privadas: empresas, sindicatos, ONGs, Oscips, instituições sem fins lucrativos, associações, Sistema S, entre outros.

d) A informação de abastecimento de água é utilizada apenas para conhecimento ao Censo, não sendo realizadas implementações de políticas de abastecimento de água nas escolas brasileiras.

e) Equipamentos que estão temporariamente desligados, sem utilização momentânea, aguardando instalação, com condições de conserto ou encaixotados não devem ser informados no Censo Escolar.

3. "O Exame Nacional do Ensino Médio (Enem) foi criado em 1998 com o objetivo de avaliar o desempenho do estudante ao fim da educação básica, buscando contribuir para a melhoria da qualidade desse nível de escolaridade. Respeitando a autonomia das universidades, a utilização dos resultados do Enem para acesso ao ensino superior pode ocorrer como fase única de seleção ou combinado com seus processos seletivos próprios." (INEP - ENEM, 2016). Quanto ao Enem, marque a alternativa INCORRETA:

a) Os sabatistas terão sua condição respeitada no dia da prova do Enem, sendo indispensável que solicitem, no ato de inscrição, esse atendimento específico.

b) Estudantes de classes hospitalares podem realizar o Enem, sendo que essa informação deve ser prestada no ato da inscrição.

c) A prova do Enem é composta por quatro provas objetivas, contendo, cada uma, 45 questões de múltipla escolha, e uma redação.

d) Apenas os alunos que estão concluindo o Ensino Médio em escolas públicas no ano da prova do Enem são isentos de pagamento da taxa de inscrição.

e) A finalidade primordial do Enem é a avaliação do desempenho escolar e acadêmico ao fim do Ensino Médio. O Enem tem sido usado com sucesso como mecanismo de acesso à educação superior, tanto em programas do Ministério da Educação — Sisu e Prouni — quanto em processos de permanência — Fies.

4. "O Índice de Desenvolvimento da Educação Básica (Ideb) foi criado pelo Inep em 2007 e representa a iniciativa pioneira de reunir em um só indicador dois conceitos igualmente importantes para a qualidade da educação: fluxo escolar e médias de desempenho nas avaliações. Ele agrega ao enfoque pedagógico dos resultados das avaliações em larga escala do Inep a possibilidade de resultados sintéticos, facilmente assimiláveis, e que permitem traçar metas de

qualidade educacional para os sistemas." (INEP - IDEB, 2016). Sobre o Ideb, marque V (caso verdadeira) e F (caso falsa) nas afirmativas abaixo:

( ) O Ideb é calculado a partir dos dados sobre aprovação escolar, obtidos no Censo Escolar, e médias de desempenho nas avaliações do Inep, o Saeb — para as unidades da federação e para o país; e a Prova Brasil — para os municípios.

( ) O Ideb é a ferramenta para acompanhamento das metas de qualidade do PDE para a Educação Básica, sendo um importante condutor de políticas públicas.

( ) O Ideb é mais que um indicador estatístico. Ele nasceu como condutor de política pública pela melhoria da qualidade da educação, tanto no âmbito nacional, como nos estados, municípios e escolas.

Agora, marque a sequência CORRETA:
a) V – V – F.
b) V – V – V.
c) F – V – V.
d) F – V – F.
e) V – F – V.

5. Nesta unidade estão sendo estudados três sistemas de avaliação da educação básica: Ideb, Enem e Censo Escolar. Sobre tais sistemas, existem muitas peculiaridades. Marque como V (caso verdadeira) e F (caso falsa) para as afirmativas a seguir que versam sobre as especificidades destes sistemas:

( ) As informações coletadas pelo Ideb são utilizadas para traçar um panorama nacional da Educação Básica e servem de referência para a formulação de políticas públicas e execução de programas na área da educação, incluindo os de transferência de recursos públicos como alimentação e transporte escolar, distribuição de livros, implantação de bibliotecas, instalação de energia elétrica, Dinheiro Direto na Escola e Fundo de Manutenção e Desenvolvimento da Educação Básica e de Valorização dos Profissionais da Educação (Fundeb).

( ) O conteúdo das provas do Enem abrange quatro matrizes de referência em três áreas do conhecimento: Linguagens, Códigos e suas Tecnologias, Matemática e suas Tecnologias e Ciências Humanas e suas Tecnologias.

( ) O Ideb é um indicador de qualidade educacional que combina informações de desempenho em exames padronizados (Prova Brasil ou Saeb) — obtidos pelos estudantes ao final das etapas de ensino (4º e 8º anos do Ensino Fundamental e 3º série do Ensino Médio) — com informações sobre rendimento escolar (aprovação).

Agora, marque a sequência CORRETA:
a) V – F – V.
b) F – F – V.
c) V – V – V.
d) F – F – F.
e) V – F – F.

Referências

BRASIL. Ministério da Educação. Instituto Nacional de Estudos e Pesquisas Educacionais Anísio Teixeira (INEP). *Censo Escolar da Educação Básica 2013*: resumo. Brasília, DF: INEP, 2014. Disponível em: <http://download.inep.gov.br/educacao_basica/censo_escolar/resumos_tecnicos/resumo_tecnico_censo_educacao_basica_2013.pdf>. Acesso em: 03 ago. 2017.

BRASIL. Ministério da Educação. Instituto Nacional de Estudos e Pesquisas Educacionais Anísio Teixeira (INEP). *Censo escolar*. 2017. Disponível em: <http://portal.inep.gov.br/censo-escolar>. Acesso em: 03 ago. 2017.

COTTA, T. C. Avaliação educacional e políticas públicas: a experiência do Sistema Nacional de Avaliação da Educação Básica (Saeb). *Revista do Serviço Público*, Brasília, DF, ano 52, n. 4, p.89-110, out./dez. 2001. Disponível em: <>. Acesso em: 02 ago. 2017.

FERNANDES, R.; GREMAUD, A. P.. *Qualidade da educação*: avaliação, indicadores e metas. Educação básica no Brasil: construindo o país do futuro. Rio de Janeiro: Elsevier, 2009. v. 1.

LOPES, A. C.; BRAÑA LÓPEZ, S. A performatividade nas políticas de currículo: o caso do Enem. *Educação em Revista*, Belo Horizonte, v. 26, n. 1, p. 89-110, abr. 2010.

Os sistemas de avaliação do ensino superior: Censo da Educação superior, Enade, Sinaes

Objetivos de aprendizagem

Ao final deste texto, você deve apresentar os seguintes aprendizados:

- Conhecer, em seus pormenores, o Censo da Educação Superior.
- Conhecer, em seus pormenores, o Sistema Nacional de Avaliação da Educação Superior.
- Conhecer, em seus pormenores, o Exame Nacional de Desempenho de Estudantes.

Introdução

Neste capítulo, trataremos especificamente de três sistemas de avaliação do ensino superior, sendo: o Censo da Educação Superior, o Sistema Nacional de Avaliação da Educação Superior (Sinaes) e também um dos sistemas que compõem o Sinaes, o Exame Nacional de Desempenho de Estudantes (Enade).

Censo da Educação Superior

O Censo realizado pelo Instituto Nacional de Estudos e Pesquisa Educacionais Anísio Teixeira (INEP), denominado Censo da Educação Superior, envolve todas as instituições de Educação Superior do Brasil, independente da modalidade, ou seja, inclui cursos presenciais e a distância. Ele é realizado anualmente a partir da coleta de dados de cada instituição credenciada, tendo como principal objetivo fornecer informações detalhadas à comunidade, a respeito do estado corrente e perspectivas da Educação Superior no Brasil.

A participação no Censo é obrigatória, sendo que para o fornecimento dos dados, cada instituição possui acesso, por meio de login e senha, ao Portal do Censo e responde a questões relacionadas à instituição, cursos, estudantes e docentes. As informações dos estudantes são vinculadas ao número de CPF (Cadastro de Pessoa Física) para inibir a duplicidade de dados da instituição respondente em relação aos estudantes.

Assim, o Censo reúne informações sobre as instituições de ensino superior, cursos de graduação presencial ou a distância, cursos sequenciais (voltados mais especificamente para um campo do saber, com viés profissionalizante), vagas, inscrições, matrículas, estudantes ingressantes e concluintes, informações acerca dos docentes. Informações essas apresentadas por organização acadêmica e categoria administrativa, ou seja, nível de ensino e instituições municipais, estaduais ou federais.

A coleta de dados é realizada a partir do preenchimento, por parte das instituições, de questionários eletrônicos e também pela importação de dados do Sistema e-MEC. As instituições têm um período determinado para o preenchimento dos dados eletronicamente e posteriormente são analisados de acordo com as informações descritas anteriormente.

A divulgação das informações se dá por meio de publicação de Resumo Técnico, disponibilizado no Portal do INEP, com gráficos, tabelas e dados comparativos, bem como são disponibilizados arquivos contendo algumas tabelas de divulgação e microdados em formato ASCII (código binário de padrão Americano para o Intercâmbio de Informação), e contêm inputs (canais de entrada) para leitura utilizando os softwares SAS e SPSS).

O Censo da Educação Superior envolve cerca de 2.364 instituições de ensino superior, nas quais são ofertados 33 mil cursos de graduação, sendo que o número de estudantes chega a mais de 8 milhões. A exemplo das informações constantes no Censo, apresentamos na Figura 1 os dados relativos à evolução do número de matrículas na educação superior ao longo dos anos.

A exemplo das informações apresentadas na Figura 1, os dados constantes do Censo da Educação Superior apresentam informações do estado corrente das instituições de ensino superior, corpo docente e discente, bem como apresentam dados comparativos ao longo dos anos. Sendo este um dos principais instrumentos de avaliação estatística da Educação Superior brasileira, pois apresenta o conjunto de informações de todas as instituições de educação superior credenciadas no Brasil.

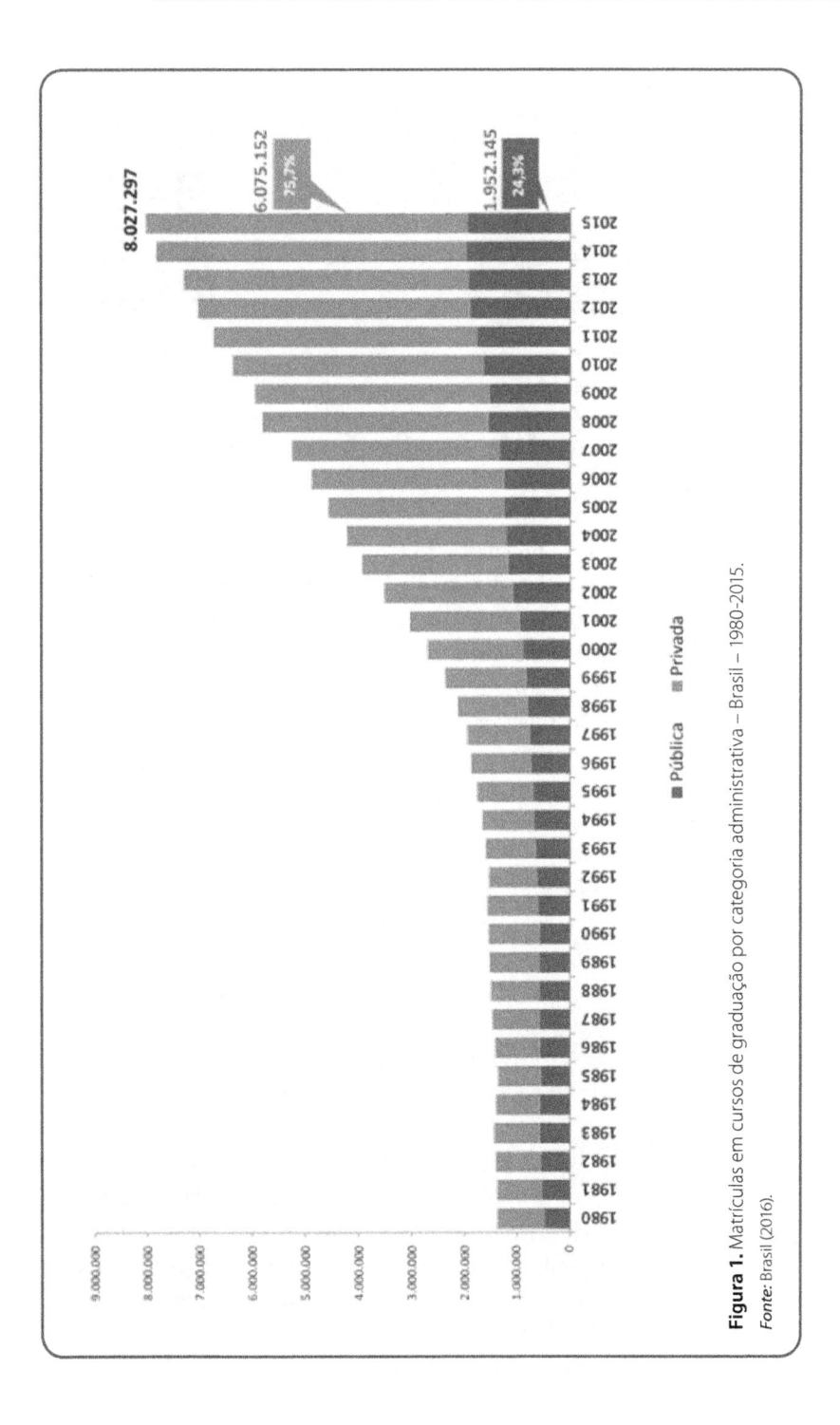

Figura 1. Matrículas em cursos de graduação por categoria administrativa – Brasil – 1980-2015.
Fonte: Brasil (2016).

> **Link**
>
> Para cada Censo realizado o INEP/MEC disponibiliza os dados brutos, bem como Relatório Técnico com o Resumo das informações. Tais dados podem ser acessados via Portal do Inep. Disponível em:
>
> https://goo.gl/p46vz5

Sistema Nacional de Avaliação da Educação Superior

No sistema de educação brasileiro, toda Instituição de Educação Superior (IES) é submetida à avaliação, sendo esta avaliação determinante, tanto para credenciamento de novas instituições como também para o recredenciamento de instituições e cursos superiores.

Criado pela Lei n° 10.861, de 14 de abril de 2004, o Sistema Nacional de Avaliação da Educação Superior (SINAES) tendo por "objetivo de assegurar processo nacional de avaliação das instituições de Educação Superior, dos cursos de graduação e do desempenho acadêmico de seus estudantes." (BRASIL, 2004). E por finalidade:

> A melhoria da qualidade da educação superior, a orientação da expansão da sua oferta, o aumento permanente da sua eficácia institucional e efetividade acadêmica e social e, especialmente, a promoção do aprofundamento dos compromissos e responsabilidades sociais das instituições de educação superior, por meio da valorização de sua missão pública, da promoção dos valores democráticos, do respeito à diferença e à diversidade, da afirmação da autonomia e da identidade institucional (BRASIL, 2004).

O SINAES analisa as instituições, cursos e o desempenho dos estudantes. O processo de avaliação leva em consideração aspectos, como ensino, pesquisa, extensão, responsabilidade social, gestão da instituição e corpo docente. Para tal, são reunidas informações das avaliações institucionais, realizadas in loco, e do Exame Nacional de Desempenho de Estudantes (Enade). Essas informações são utilizadas tanto para avaliação dos cursos e IES como de base para a

criação de políticas públicas. Sendo o SINAES coordenado e supervisionado pela Comissão Nacional de Avaliação da Educação Superior (CONAES) que tem por finalidade e responsabilidade assegurar o adequado funcionamento da avaliação e análise e divulgação dos resultados (BRASIL, 2009).
De acordo com o Art. 2º da Lei nº 10.861, de 14 de abril de 2004, o SINAES, ao promover a avaliação de instituições, de cursos e de desempenho dos estudantes, deverá assegurar:

> I – avaliação institucional, interna e externa, contemplando a análise global e integrada das dimensões, estruturas, relações, compromisso social, atividades, finalidades e responsabilidades sociais das instituições de educação superior e de seus cursos;
> II – o caráter público de todos os procedimentos, dados e resultados dos processos avaliativos;
> III – o respeito à identidade e à diversidade de instituições e de cursos;
> IV – a participação do corpo discente, docente e técnico-administrativo das instituições de educação superior, e da sociedade civil, por meio de suas representações (BRASIL, 2004).

Assim, o Sinaes leva em consideração aspectos que garantem as especificidades de cada instituição, a partir de informações que vão além de dados estatísticos, uma vez que leva em consideração diferentes instrumentos de coleta de dados. Nesse sentido, possui uma série de instrumentos complementares: autoavaliação, avaliação externa, Enade, Avaliação dos cursos de graduação e instrumentos de informação como o censo e o cadastro. A integração dos instrumentos permite que sejam atribuídos alguns conceitos ordenados numa escala com cinco níveis, a cada uma das dimensões e ao conjunto das dimensões avaliadas. O Ministério da Educação torna público e disponível o resultado da avaliação das instituições de ensino superior e de seus cursos.

Esta avaliação também serve para o acompanhamento dos cursos, bem como de base para o credenciamento e recredenciamento de instituições de educação superior. O parágrafo único da Lei nº 10.861 institui que:

> Os resultados da avaliação referida no caput deste artigo constituirão referencial básico dos processos de regulação e supervisão da educação superior, neles compreendidos o credenciamento e a renovação de credenciamento de instituições de educação superior, a autorização, o reconhecimento e a renovação de reconhecimento de cursos de graduação (BRASIL, 2004).

Assim, o Sinaes leva em consideração aspectos que perpassam tanto a qualidade da educação ofertada quanto as condições físicas e financeiras das instituições. Fazem parte desta avaliação aspectos, como: missão e o plano de desenvolvimento institucional, a política institucional de ensino, pesquisa, pós-graduação, responsabilidade social da instituição, comunicação com a sociedade, políticas de carreiras do corpo docente e do corpo técnico-administrativo, bem como seu aperfeiçoamento e suas condições de trabalho, organização e gestão da instituição, infraestrutura física, planejamento e avaliação, especialmente, os processos, resultados e eficácia da autoavaliação institucional, políticas institucionais de atendimento aos estudantes, bem como a sustentabilidade financeira da instituição.

Nesse sentido, o Sinaes atende a uma proposta de avaliação que leva em conta as características de cada instituição, visando respeitar as diferenças e especificidades de cada instituição de educação superior brasileira. Sendo parte importante neste processo o Exame Nacional de Desempenho de Estudantes (Enade).

Exame Nacional de Desempenho de Estudantes

O Exame Nacional de Desempenho de Estudantes (Enade), exame que integra o SINAES, foi criado em 2005 e reestruturado em 2007, por meio da Portaria Normativa nº 40, de 12 de dezembro de 2007 (BRASIL, 2007), e tem como objetivo aferir o desempenho dos estudantes em relação aos conteúdos programáticos previstos nas diretrizes curriculares do respectivo curso de graduação, e as habilidades e competências em sua formação. O Exame é obrigatório, pois é considerado componente curricular, para estudantes dos cursos selecionados em período determinado, sendo que, em geral, a relação dos cursos a serem avaliados é determinada no início do ano letivo.

Os estudantes que realizam o Exame são os concluintes e os ingressantes (de primeira matrícula) do curso selecionado. Sendo que para os estudantes concluintes dos cursos selecionados a realização do Exame é condição para obtenção do Diploma, sendo que, se o estudante concluinte não realizar a prova, fica impedida a emissão do Diploma até que regularize sua situação. Já para os ingressantes inscritos é obrigatória a participação, porém realizam apenas a prova geral que tem como referência a matriz curricular do ENEM, sendo facultada a participação para os estudantes que realizaram o ENEM, sendo a dispensa avaliada mediante apresentação do comprovante de participação no Exame Nacional do Ensino Médio.

Porém, é necessário estar atento às Portarias que definem os participantes do exame, que são publicadas a cada ano com a denominação dos cursos, pois nelas, a exemplo da Portaria Normativa nº 8, de 26 de abril de 2017 (BRASIL, 2017), que estabelece o regulamento do Exame Nacional de Desempenho dos Estudantes para o ano de 2017 - Enade 2017, são determinadas todas as especificações e, também caso haja, exceções para realização do Exame.

De acordo com a Lei nº 10.861, de 14 de abril de 2004, que institui o Sinaes, em seu Art. 5º, estabelece sobre a avaliação do desempenho dos estudantes dos cursos de graduação:

> § 1º O Enade aferirá o desempenho dos estudantes em relação aos conteúdos programáticos previstos nas diretrizes curriculares do respectivo curso de graduação, suas habilidades para ajustamento às exigências decorrentes da evolução do conhecimento e suas competências para compreender temas exteriores ao âmbito específico de sua profissão, ligados à realidade brasileira e mundial e a outras áreas do conhecimento.
> § 2º O Enade será aplicado periodicamente, admitida a utilização de procedimentos amostrais, aos alunos de todos os cursos de graduação, ao final do primeiro e do último ano de curso.
> § 3º A periodicidade máxima de aplicação do Enade aos estudantes de cada curso de graduação será trienal.
> § 4º A aplicação do Enade será acompanhada de instrumento destinado a levantar o perfil dos estudantes, relevante para a compreensão de seus resultados.
> § 5º O Enade é componente curricular obrigatório dos cursos de graduação, sendo inscrita no histórico escolar do estudante somente a sua situação regular com relação a essa obrigação, atestada pela sua efetiva participação ou, quando for o caso, dispensa oficial pelo Ministério da Educação, na forma estabelecida em regulamento.
> § 6º Será responsabilidade do dirigente da instituição de educação superior a inscrição junto ao Instituto Nacional de Estudos e Pesquisas Educacionais Anísio Teixeira - INEP de todos os alunos habilitados à participação no Enade.
> § 7º A não-inscrição de alunos habilitados para participação no Enade, nos prazos estipulados pelo INEP, sujeitará a instituição à aplicação das sanções previstas no § 2o do art. 10, sem prejuízo do disposto no art. 12 desta Lei.

> § 8º A avaliação do desempenho dos alunos de cada curso no Enade será expressa por meio de conceitos, ordenados em uma escala com 5 (cinco) níveis, tomando por base padrões mínimos estabelecidos por especialistas das diferentes áreas do conhecimento.
> § 9º Na divulgação dos resultados da avaliação é vedada a identificação nominal do resultado individual obtido pelo aluno examinado, que será a ele exclusivamente fornecido em documento específico, emitido pelo INEP.
> § 10º Aos estudantes de melhor desempenho no Enade o Ministério da Educação concederá estímulo, na forma de bolsa de estudos, ou auxílio específico, ou ainda alguma outra forma de distinção com objetivo similar, destinado a favorecer a excelência e a continuidade dos estudos, em nível de graduação ou de pós-graduação, conforme estabelecido em regulamento (BRASIL, 2004).

Assim, o principal objetivo do Enade é a avaliação do desempenho dos estudos em relação aos conteúdos previstos nas diretrizes dos cursos de graduação, bem como no desenvolvimento de competências e habilidades relacionadas à formação profissional nos cursos. Além de esta avaliação fornecer subsídios para traçar o perfil dos acadêmicos brasileiros, uma vez que fazem parte da avaliação, o Questionário do Aluno do Enade tem questões que visam o levantamento de informações subsidiárias para traçar o perfil socioeconômico dos estudantes, além de informações específicas sobre os conhecimentos construídos no curso realizado.

A prova do Enade é composta de 10 questões de formação geral e 30 questões divididas entre discursivas e de múltipla escola, de conteúdos específicos elaboradas com o objetivo de verificar as habilidades acadêmicas, competências profissionais, e o conhecimento de conteúdos de cada curso. Assim, a prova do Enade se constitui por questões de conhecimentos de formação geral, questões do componente específico do curso, sendo ao final realizado um questionário relacionado a percepção do estudante sobre a prova, além destas informações respondidas pelos estudantes, o Enade também conta com informações do questionário do coordenador(a) do curso.

Nesse sentido, os resultados do Enade são parte dos componentes utilizados para calcular os Indicadores de Qualidade da Educação Superior, sendo estes disponibilizados para acesso a todos os cidadãos, bem como para auxiliar no desenvolvimento de políticas públicas para a educação.

Link

Para conhecer os números da educação básica brasileira, acesso o Resumo Técnico publicado pelo INEP. Disponível em:

https://goo.gl/aqzAtX

Exercícios

1. Criado pela Lei nº 10.861, de 14 de abril de 2004, o Sistema Nacional de Avaliação da Educação Superior (Sinaes) é formado por três componentes principais: a avaliação das instituições, dos cursos e do desempenho dos estudantes. Marque V (caso verdadeiro) e F (caso falso) quanto aos objetivos do Sinaes:
( ) Identificar mérito e valor das instituições, áreas, cursos e programas, nas dimensões de ensino, pesquisa, extensão, gestão e formação.
( ) Melhorar a qualidade da educação básica, orientar a expansão da oferta.
( ) Promover a responsabilidade social das IES, respeitando a identidade institucional e a autonomia.
Agora, marque a sequência CORRETA:
a) V – F – V
b) F – F – V
c) F – V – V
d) V – F – F
e) V – V – F

2. O Sistema Nacional de Avaliação da Educação Superior (Sinaes) é fundamentado em avaliações institucionais, de cursos e de estudantes. Sendo usados instrumentos diversos para realizar tal coleta. Marque a alternativa que está CORRETA e mais COMPLETA quanto ao instrumento de coleta deste sistema de avaliação do ensino superior:
a) Censo da educação básica e Enade.
b) Autoavaliação, censo da educação superior, avaliação externa e cadastro.
c) Autoavaliação, censo da educação e Ideb.
d) Enem, avaliação externa e Enade.
e) Autoavaliação, Saeb e cadastro.

3. O Exame Nacional de Desempenho dos Estudantes (Enade) é um dos procedimentos de avaliação do Sistema Nacional de Avaliação da Educação Superior (Sinaes). O Enade tem por objetivo avaliar e acompanhar o processo de aprendizagem e o desempenho acadêmico dos estudantes em relação aos conteúdos programáticos previstos nas diretrizes curriculares do respectivo curso de graduação; suas habilidades para ajustamento às exigências decorrentes da evolução do conhecimento e competências para compreender temas exteriores ao âmbito específico da profissão escolhida, ligados à realidade brasileira e mundial e a outras áreas do conhecimento. Sobre o Enade, marque com V (caso verdadeira) ou F (caso falsa) para as afirmativas abaixo:

( ) O Enade constitui-se componente curricular obrigatório, sendo inscrita no histórico escolar do estudante somente a situação regular com relação a essa obrigação.

( ) O estudante concluinte habilitado ao Enade, que não realizar a prova, poderá receber o seu diploma e regularizar a sua situação junto ao Enade posteriormente.

( ) O Enade é composto apenas por prova de conhecimentos elaborada, especificamente, por curso.

Agora, marque a sequência CORRETA:
a) V – F – F.
b) V – V – F.
c) F – F – F.
d) V – F – V.
e) F – F – V.

4. Anualmente, o Inep realiza a coleta de dados sobre a educação superior com o objetivo de oferecer à comunidade acadêmica e à sociedade em geral informações detalhadas sobre a situação e as grandes tendências do setor. Esta coleta de informações gerais é chamada de Censo da Educação Superior. Os dados são coletados a partir do preenchimento dos questionários, por parte das Instituições de Ensino Superior (IES) e por importação de dados do Sistema e-MEC.

Sobre o Censo da Educação Superior, marque V (caso verdadeira) e F (caso falsa) para as afirmativas abaixo:

( ) Como forma de aprimorar a qualidade das análises realizadas, o Censo traz informações do aluno e docente consolidadas por Instituição.

( ) O Censo da Educação Superior é o instrumento de pesquisa mais completo sobre as Instituições de Ensino Euperior (IES) que ofertam cursos de graduação e sequenciais de formação específica, e sobre seus alunos e docentes.

( ) A mobilidade acadêmica é verificada pelo Censo, e é um processo que possibilita ao aluno vinculado a uma IES estudar em outra, estabelecendo vínculo temporário com a IES receptora. Isso significa dizer que é realizada uma transferência de instituição.

Agora, marque a sequência CORRETA:
a) V – V – F.
b) F – F – F.
c) F – V – F.
d) V – F – F.
e) F – V – V.

5. O Inep conduz todo o sistema de avaliação de cursos superiores no país, produzindo indicadores

e um sistema de informações que subsidia tanto o processo de regulamentação, exercido pelo MEC, como garante transparência dos dados sobre qualidade da educação superior a toda sociedade. No âmbito do Sinaes e da regulação dos cursos de graduação no País, prevê-se que os cursos sejam avaliados periodicamente. Assim, os cursos de educação superior passam por três tipos de avaliação: para autorização, para reconhecimento e para renovação de reconhecimento. (INEP, Avaliação dos Cursos de Graduação, 2016) Sobre a avaliação dos cursos de graduação, todas as alternativas estão corretas, EXCETO:

a) A avaliação para autorização de um curso é feita quando uma instituição pede autorização ao MEC para abrir um curso. Ela é feita por dois avaliadores in loco que verificam: a organização didático-pedagógica; o corpo docente e técnico-administrativo e as instalações físicas da IES.

b) A avaliação para reconhecimento ocorre quando a primeira turma do curso novo entra na segunda metade do curso, a instituição deve solicitar seu reconhecimento. São avaliados a organização didático-pedagógica, o corpo docente, o corpo discente, o corpo técnico-administrativo e as instalações físicas.

c) A avaliação para renovação de reconhecimento é feita de acordo com o Ciclo do Sinaes, ou seja, a cada três anos. É calculado o Conceito Preliminar do Curso (CPC), e aqueles cursos que tiverem conceito preliminar 1 ou 2 serão avaliados in loco por dois avaliadores ao longo de dois dias.

d) As avaliações feitas pelas comissões de avaliadores designadas pelo Inep caracterizam-se pela visita in loco aos cursos e instituições públicas e privadas e se destinam a verificar as condições de ensino, em especial aquelas relativas ao perfil do corpo docente, as instalações físicas e a organização didático-pedagógica.

e) A avaliação para autorização ocorre quando a primeira turma do curso novo entra na segunda metade do curso, a instituição deve solicitar seu reconhecimento. São avaliados a organização didático-pedagógica, o corpo docente, o corpo discente, o técnico-administrativo e as instalações físicas.

Referências

BRASIL. Instituto Nacional de Estudos e Pesquisas Educacionais Anísio Teixeira (INEP). *SINAES Sistema Nacional de Avaliação da Educação Superior*: da concepção à regulamentação. 5. ed. Brasília, DF: Instituto Nacional de Estudos e Pesquisas Educacionais Anísio Teixeira, 2009.

BRASIL. Instituto Nacional de Estudos e Pesquisas Educacionais Anísio Teixeira (INEP). *Sinopse Estatística da Educação Superior 2015*. Brasília, DF: INEP, 2016.

BRASIL. *Lei nº 10.861, de 14 de abril de 2004*. Institui o Sistema Nacional de Avaliação da Educação Superior – SINAES e dá outras providências. Brasília, DF, 2004. Disponível em: <http://www.planalto.gov.br/ccivil_03/_ato2004-2006/2004/lei/l10.861.htm>. Acesso em: 03 ago. 2017.

BRASIL. Ministério da Educação. Portaria normativa nº 8, de 26 de abril de 2017. *Diário Oficial da União*, Brasília, DF, n. 80, seção 1, p. 30, 27 abr. 2017. Disponível em: <http://download.inep.gov.br/educacao_superior/enade/legislacao/2017/portaria_normativa_n8_de_26042017.pdf>. Acesso em: 03 ago. 2017.

BRASIL. Ministério da Educação. *Portaria normativa nº 40, de 12 de dezembro de 2007*. Brasília, DF, 2007. Disponível em: <https://www.ufmg.br/dai/textos/Port%20aria%20Normativa%2040%20E-MEC.pdf>. Acesso em: 03 ago. 2017.

Leituras recomendadas

BRASIL. Instituto Nacional de Estudos e Pesquisas Educacionais Anísio Teixeira (INEP). *Censo Educação Superior 2014*: resumo técnico. Brasília, DF: INEP, 2015.

BRASIL. Instituto Nacional de Estudos e Pesquisas Educacionais Anísio Teixeira (INEP). *Censo da Educação Superior*. 2016. Disponível em: <http://portal.inep.gov.br/censo-da-educacao-superior>. Acesso em: 03 ago. 2017.

BRASIL. Instituto Nacional de Estudos e Pesquisas Educacionais Anísio Teixeira (INEP). *Enade*. 2017. Disponível em: <http://portal.inep.gov.br/web/guest/enade>. Acesso em: 01 ago. 2017.

RISTOFF, D.; LIMANA, A. *O Enade como parte da avaliação da educação superior*. [2007?]. Disponível em: <http://3em.ubi.pt/o_enade.pdf>. Acesso em: 03 ago. 2017.

UNIDADE 4

Avaliar por meio de portfólios

Objetivos de aprendizagem

Ao final deste texto, você deve apresentar os seguintes aprendizados:

- Conhecer as principais características dos portfólios.
- Debater sobre tipos, critérios e a avaliação via portfólio.
- Contrastar os portfólios com um único foco, de leitura, eletrônicos e multifocados.

Introdução

Neste capítulo, trataremos especificamente de um instrumento de avaliação da aprendizagem, o portfólio. O portfólio é um instrumento relativamente novo, ou melhor, pouco conhecido pelos professores, por aqueles que fazem a escolha dos instrumentos de avaliação da aprendizagem. Veremos diversos aspectos do portfólio, considerando-o como um instrumento bastante abrangente e que pode auxiliar fortemente no desenvolvimento dos alunos, demonstrando a evolução série a série ou em algum recorte específico de tempo.

Principais características dos portfólios

O **portfólio** é um conjunto de trabalhos agrupados em um único arquivo ou coleção. Em educação, ele pode ser utilizado para manter a memória das atividades realizadas ao longo de um período letivo. Em geral, é utilizado para o acompanhamento da aprendizagem dos estudantes ao longo do processo, sendo que também pode ser utilizado para avaliação final. Para além de um conjunto de trabalhos, o portfólio pode ser utilizado para construção do conhecimento e a reflexão por parte de professores e estudantes.

> *Portfólio Docente e Discente*: ferramenta de aprendizagem que busca alternativas de avaliação capazes de superar as formas tradicionais, como os exames. Insere-se numa perspectiva pedagógica que enfatiza processos, constituindo-se o testemunho escrito do processo de ensino/ aprendizagem, favorecendo o desenvolvimento da auto-reflexão, do pensamento crítico e da auto-avaliação de aprendizagem. Nesse sentido, presta-se tanto como ferramenta de avaliação do desempenho docente, como discente. Como ferramenta de avaliação do desempenho, na perspectiva do estudante, é dada a esse a oportunidade de avaliar seu próprio desempenho, identificando as suas necessidades de aprendizagem e reconhecendo as suas debilidades (ALARCÃO; TAVARES, 1999 apud PIRES, 2006, p. 505).

Assim, uma das principais características dos portfólios é a possibilidade de o estudante registrar e expressar suas impressões sobre determinada atividade ou ao longo do processo de aprendizagem. Ainda, se refere a uma seleção de materiais, que podem ser complementares aos de aula, feita pelo aluno e que de alguma maneira estão relacionados com os conteúdos e objetivos de aprendizagem com as seguintes características:

- ser uma seleção de trabalhos, que podem ser determinados pelo professor ou selecionados de acordo com as escolhas dos alunos;
- contém o registro de diferentes instrumentos de avaliação;
- possuir um propósito/objetivo bem definido;
- visa a aprendizagem desenvolvida a partir da ação proativa do estudante;
- ser uma oportunidade para autoavaliação do aluno;
- ser instrumento de avaliação da aprendizagem.

Figura 1. Conceito de Portfólio.478965136
Fonte: Tashatuvango/Shutterstock

Os portfólios podem incluir textos, imagens, recortes de jornais e revistas, fotografias, entre outros, sendo que em formato eletrônico pode conter diferentes recursos multimídia.

> Portfólio, na educação, é uma espécie de arquivo, que contém uma coletânea de trabalhos do aluno, seu desempenho durante um período, com a sua autoavaliação, avaliação dos colegas a seu respeito, professores, pais e especialistas em educação, com o objetivo de levar a uma reflexão sobre a produção do educando e a mediação do professor; representando, assim, um relato significativo do desempenho do educando nos diferentes momentos da construção de sua aprendizagem e, ao mesmo tempo, uma avaliação mais abrangente, contínua e cumulativa (LEITE, 2006, p. 506).

No processo de elaboração de um portfólio, alguns aspectos devem ser considerados, tais como:

- Ser realizado continuamente ao longo de um determinado período;
- Ser multidimensional;
- Fornecer oportunidades de reflexão conjunta e colaborativa.

Em contraponto, ou complementar à ideia de Leite (2006), Gelfer e Perkins (1998, p. 44) afirmam que portfólios "são mais que simples arquivos ou uma coleção de performances dos alunos. Um portfólio pode ser considerado como um arquivo em expansão dos trabalhos do estudante. Pode ser estruturado de acordo com a área de interesse, conhecimento, habilidades, temas e progressos diários". Nesse sentido, pode ser utilizado para ampliar a consciência dos estudantes sobre suas próprias construções e elaborações, uma vez que o mesmo tem a possibilidade de "contar" sua história de construção do conhecimento a partir dos registros realizados em seu portfólio.

Tipos, critérios e a avaliação via portfólio

Em se tratando de portfólios educativos existem, pelo menos, três tipos: Portfólio Display; Portfólio de Demonstração e Portfólio de Trabalho. De acordo com Alvarenga e Araújo (2006), os denominados *display* são utilizados para documentar as atividades executadas em sala de aula. Já o portfólio de demonstração de trabalho é aquele que mostra os melhores trabalhos realizados pelo estudante. Sendo o portfólio de trabalho que demonstra o que ocorreu durante o processo de aprendizagem contendo o registro de fatos, conceitos, procedimentos, atitudes e/ou a sua aplicação nas tarefas propostas ou no cotidiano.

Já para Shores e Grace (2001), os portfólios podem ser classificados, como: portfólio particular, de aprendizagem ou demonstrativo. Sendo que o portfólio particular contém registros escritos a respeito dos alunos, ou seja, é utilizado e construído pelo professor. O portfólio de aprendizagem é utilizado pelos alunos, caracterizado pela coleção de trabalhos deles mesmos e pode conter anotações, rascunhos, amostras de trabalhos recentes e diário de aprendizagem. Além disso, o portfólio demonstrativo é composto por amostras de trabalhos dos alunos.

Independentemente do tipo de portfólio e para que ele possa ser elaborado, devem ser estabelecidos os objetivos ao início da caminhada e, também, seus critérios de avaliação e construção. Estes devem ser esclarecidos pelo professor, e trabalhados juntamente com os estudantes.

São exemplos de critérios:

- organização;
- reflexão sobre os temas abordados nos trabalhos registrados;

- evidências que demonstrem como o progresso aconteceu;
- demonstração do conhecimento obtido e a aplicação do mesmo;
- demonstração de aquisição de habilidades e competências;
- autorreflexão.

Alvarenga e Araújo (2006) sugerem alguns aspectos quanto à utilização do portfólio como instrumento avaliativo, tais aspectos devem ser observados pelo professor:

- aprenda sobre portfólio e perceba o que representa para os estudantes elaborá-lo;
- compreenda que existem objetivos e/ou competências a serem atingidos e que podem ser modificados ao longo do caminho;
- decida os tipos de evidências que podem ser usadas pelos alunos como prova ou evidência do aprendizado;
- prepare os materiais a serem utilizados e auxilie com informações e leituras adicionais para que compreendam e elaborem adequadamente as tarefas propostas. além disso, esclarecer quais evidências básicas são importantes e quais processos e procedimentos são necessários para documentar as realizações; encoraje os estudantes a refletirem sobre suas habilidades, dificuldades, interesses e experiências, estimulando a criatividade;
- seja um facilitador e saiba que construir um portfólio não é tarefa fácil. requer perseverança e paciência;
- ajude o aluno a refinar suas tarefas e refletir sobre elas e ainda ensine como criar portfólios especiais para projetos específicos;
- auxilie os estudantes a entenderem o caminho que precisam percorrer para atingir os propósitos definidos;
- crie oportunidades para estudantes desenvolverem e compartilharem seus portfólios com colegas, amigos, pais e comunidade por meio de atividades e informações verbais e não verbais (ALVARENGA; ARAÚJO, 2006, p. 140-141).

Avaliar por meio de portfólio requer do professor planejamento e olhar atento aos estudantes, pois esta avaliação deve ser realizada ao longo do processo e durante sua elaboração e não somente após o resultado final. Ou seja, pode ser realizada durante o processo de ensino e de aprendizagem, e, também, ao final do processo.

> **Link**
>
> Para aprofundar a leitura em relação ao tema da avaliação por meio de portfólio, leia o artigo que relata a experiência de utilização do portfólio na educação superior intitulado "Portfólios como Instrumentos de Avaliação dos processos de Ensinagem" de autoria de Leonir Pessate Alves. Disponível em:
>
> https://goo.gl/if6Cja

Portfólios com um único foco, de leitura, eletrônicos e multifocados

Embora em sua essência, os portfólios tenham por objetivo o registro da aprendizagem e ressaltar os pontos desenvolvidos ao longo do processo de ensino e de aprendizagem, os mesmos podem se diferenciar quanto ao formato e especificidade. As variações do portfólio podem ser: com foco único, de leitura, eletrônicos e multifocados, ambos envolvem o planejamento do professor e a definição de objetivos para sua elaboração.

O portfólio com foco único pode ser utilizado para atender a um objetivo específico, ou a uma área que se deseja aprofundar. O portfólio de foco único, como o nome denota, possui foco específico, no qual se escolhe um único recurso e/ou material para realizar o registro e aprofundar o trabalho. Por exemplo: pode ser utilizado apenas registros de atividades de laboratório ou apenas resenha de livros. O importante no portfólio de foco único é que contenha diversas amostras de um mesmo produto ao longo do processo produtivo dos estudantes.

O portfólio de leitura pode ser criado com registros, gravados em áudio, da leitura realizada pelos alunos de alguns trechos de livros ou textos. Este registro possibilita acompanhar a evolução da leitura dos alunos e ainda pode ser enviado aos pais para que também acompanhem o desenvolvimento da leitura dos seus filhos.

Ainda assim, o portfólio de leitura, pode conter, além do registro das atividades desenvolvidas, a reflexão sobre o trabalho realizado, na qual o estudante realiza sua própria autoavaliação ao longo do processo de aprendizagem, pois objetiva o registro contínuo sobre novas descobertas e entendimentos sobre o que está sendo estudado. Pode levar o aluno a uma prática de leitura crítica ao desenvolvimento de diálogos entre as atividades realizadas e sua percepção sobre o conhecimento desenvolvido, bem como incentivar a leitura e a escrita. Neste, o aluno pode registrar, tanto suas impressões quanto suas dúvidas, observações e comentários.

Já os portfólios eletrônicos são aqueles construídos por meio de tecnologia digital, no qual é possível utilizar o computador e suas ferramentas. Neste formato, diferentes registros podem ser realizados, sempre de acordo com o objetivo proposto. Podem ser utilizados, blogs, softwares para criação de apresentações (PowerPoint, Prezzi, etc), entre outros, neste tipo de portfólio podem ser inseridos vídeos, áudios, textos, imagens, hiperlinks. Um exemplo é o webfólio, que é:

> Um portfólio virtual, onde se arquivam as participações e os desempenhos dos alunos [...] na web/arquivo, com a finalidade de realizar uma avaliação mais abrangente, contínua e cumulativa. Webfólio constitui-se numa documentação necessária à avaliação do processo de ensino e de aprendizagem online, com os mesmos objetivos do portfólio.

O portfólio multifocado é caracterizado por conter diferentes fontes de registro, resultado de diferentes tipos de atividades. Pode ser utilizado para demonstrar a diversidade do trabalho desenvolvido para atender as diferentes necessidades de aprendizagem. Por exemplo: no estudo da evolução humana pode conter o registro e reflexão a partir de leitura, registro visual e escrito de visitas a museus, análise de filmes, produção textual coletiva e individual. Ou seja, esta abordagem prevê a multiplicidade de possibilidades educativas em prol do alcance dos objetivos propostos visando a aprendizagem dos alunos.

Nesse sentido, independente do foco e/ou tipo de portfólio vale ressaltar que todo o portfólio para ser desenvolvido requer que o professor, no início do processo, esclareça os objetivos de aprendizagem com o uso do portfólio e os objetivos do portfólio em si, para que o estudante tenha claro o que está fazendo durante a realização e elaboração do seu portfólio. Pois um portfólio não é apenas um deposito de trabalhos, ele é resultado de construções da caminhada dos estudantes e do trabalho desenvolvido pelo professor em conjunto com seus alunos.

Exercícios

1. O portfólio é um tipo de avaliação de desempenho que abrange e inclui diversos tipos de produtos ou desempenhos dos alunos. Inicialmente, o termo foi utilizado para tratar de coleções de objetos de arte, modelos, artistas, fotografias. Segundo Russel e Airasian (2014), como, em sala de aula, os portfólios podem auxiliar na aprendizagem dos alunos?
   a) Ao ser mostrado aos pais (enviados para casa ou apresentados durante uma reunião) permite que eles acompanhem o desenvolvimento e aprendizagem dos alunos.
   b) Ajudar o aluno na análise de seu trabalho realizado pontualmente.
   c) Informar aos professores anteriores sobre trabalhos realizados anteriormente pelos alunos.
   d) Focando-se apenas no produto final da aprendizagem.
   e) Demonstrando aos alunos as conexões entre seus processos e produtos.

2. O portfólio facilita a retenção de informações a partir dos trabalhos desenvolvidos pelos alunos, facilitando assim futuras revisões, acompanhamentos, reflexões, demonstrações e avaliação. Algumas questões podem ser trabalhadas com os alunos, buscando a compreensão deles sobre o que um portfólio representa, EXCETO:
   a) Qual das atividades que constam em seu portfólio apresenta maior crescimento para você?
   b) Com qual atividade desenvolvida você aprendeu mais?
   c) Em qual área o portfólio lhe ajudou mais na aprendizagem?
   d) Você acha que no próximo ano devemos continuar utilizando o portfólio?
   e) O que você percebe que aprendeu em cada uma das atividades desenvolvidas?

3. Diversas questões e aspectos precisam ser desenvolvidos, pensados e planejados por professores e alunos na construção e avaliação de um portfólio, tais questões auxiliarão no uso de portfólios em sala de aula, bem como na sua avaliação. As principais questões que merecem atenção de professores e alunos são:
   a) Qual é o objetivo do portfólio? Como será organizado e mantido? O que será avaliado? O que irá entrar e o que será removido do portfólio durante o seu uso?
   b) Como o portfólio será avaliado? O que irá entrar e o que será removido do portfólio durante o seu uso? Como será organizado e mantido?
   c) Qual é o objetivo do portfólio? Como será organizado e mantido? Como será avaliado? O que irá entrar e o que será removido do portfólio durante o seu uso? Quem irá selecionar os trabalhos que entram no portfólio: o professor, o aluno, ambos?

d) O que irá entrar e o que será removido do portfólio durante o seu uso? O professor que deverá selecionar os trabalhos que entram no portfólio?
e) Como será organizado e mantido? Qual é o objetivo do portfólio? Quem irá selecionar os trabalhos que entram no portfólio: o professor, o aluno, ambos?

4. A avaliação de um portfólio não é a avaliação das atividades ou itens isolados que compõem o portfólio. Essa avaliação depende de elementos dos quais todos os tipos de avaliação de desempenho dependem. São eles:
a) Um objetivo claro para o desenvolvimento do portfólio; critérios de desempenho apropriados; um ambiente adequado; e atribuir uma pontuação ao desempenho.
b) Qual é o propósito do portfólio? O que irá entrar e o que será removido do portfólio durante o seu uso? Quem irá selecionar os trabalhos que entram no portfólio: o professor, o aluno, ambos? Como será organizado e mantido? Como o portfólio será avaliado?
c) Qual das atividades que estão em seu portfólio representa maior crescimento para você? Qual atividade você mais gostou? Por quê? Em que áreas o seu progresso foi maior? Qual a natureza do seu progresso? Você percebe a aprendizagem realizada?
d) Qual o objetivo para o desenvolvimento do portfólio? Quem irá selecionar os trabalhos que entram no portfólio: o professor, o aluno, ambos? Como será organizado e mantido? Qual a natureza do seu progresso? Você percebe a aprendizagem realizada?
e) O que irá entrar e o que será removido do portfólio durante o seu uso? Como será organizado e mantido? Qual a natureza do seu progresso? Você percebe a aprendizagem realizada?

5. "Os portfólios não contêm coleções casuais não relacionadas ao trabalho dos alunos. Eles contêm exemplos de trabalho escolhidos intencionalmente. [...] Os conteúdos de um portfólio devem estar intimamente relacionados aos objetivos de ensino do professor, devendo fornecer informações que o ajudem a tomar decisões quanto à aprendizagem dos alunos." (RUSSEL e AIRASIAN, 2014, p. 213) Um portfólio, embora contenha materiais escolhidos intencionalmente, pode apresentar materiais de diferentes tipos, em diferentes suportes, marque a alternativa CORRETA e mais COMPLETA no que diz respeito aos exemplos de suportes para desenvolvimento de portfólios:
a) Mídias diversas; reflexões individuais como um diário; trabalhos em grupos, como revisões por pares; trabalhos individuais, como provas, redações, dever de casa; e trabalhos mais demonstrativos, como projetos para a feira de ciência.
b) Vídeos; diários; mapas; projetos

para a feira de ciências; deveres de casa; programas de computador; planos; e reflexões individuais.

c) Mídias; trabalhos desenvolvidos individualmente e em grupos; e ainda trabalhos demonstrativos, como projetos da feira de ciências.

d) Diários; programas de computador; provas e trabalhos demonstrativos, como de uma feira de cultura ou de ciências.

e) Autorreflexões; provas; revisão pelos pares; trabalhos demonstrativos, como a feira de ciências; programas de computador e vídeos.

Referências

ALVARENGA, G. M.; ARAUJO, Z. R. Portfólio: conceitos básicos e indicações para utilização. *Estudos em Avaliação Educacional*, São Paulo, v. 17, n. 33, p. 137-148, 2006.

GELFER, J. I.; PERKINS, P. G. Portfolios: focus on young children. *Teaching Exceptional Children*, Reston, v. 31, n.2, p. 44-47, nov./dez. 1998.

LEITE, D. Avaliação da Educação Superior. In: MOROSINI, M. (Org.). *Enciclopédia de Pedagogia Universitária*. Brasília, DF: INEP, 2006. p. 459-506.

PIRES, R. Avaliação da Educação Superior: portfólio docente e discente. In: MOROSINI, M. (Org.). *Enciclopédia de Pedagogia Universitária*. Brasília, DF: INEP, 2006. p. 505.

SHORES, E.; GRACE, C. *Manual de portfólio*: um guia passo a passo para o professor. Porto Alegre: Artmed, 2001.

Autoavaliação: como favorecer esse processo em sala de aula

Objetivos de aprendizagem

Ao final deste texto, você deve apresentar os seguintes aprendizados:

- Conhecer sobre a autoavaliação e avaliação pelos pares.
- Apresentar os itens necessários para a realização de uma boa autoavaliação.
- Debater sobre regulação e autorregulação, buscando a aprendizagem.

Introdução

A autoavaliação ainda é mal compreendida por muitos professores pois acreditam que neste momento o aluno pode ser livre para dizer tudo o que acha (da aula, do professor, do material) e ignorar que parte significativa do processo de aprendizagem é de responsabilidade do próprio aluno. Outros ainda acreditam que o aluno ainda não tem capacidade de avaliar seu desenvolvimento nas disciplinas e que não deve ser considerado como avaliação. E você? Já tem alguma opinião sobre a temática? Após a discussão neste capítulo, tenho certeza de que sua opinião será formada e você terá facilidade de trabalhar a autoavaliação com seus alunos.

Autoavaliação e avaliação pelos pares

A autoavaliação é componente importante para o processo de aprendizagem dos educandos, bem como para a avaliação da aprendizagem como um todo. A autoavaliação pode ser definida como a ação e/ou a capacidade de o sujeito avaliar a si mesmo e refletir sobre suas ações, atitudes, comportamentos e aprendizagens.

A autoavaliação é o processo por excelência da regulação, dado ser um processo interno ao próprio sujeito. [...] A autoavaliação é um processo de metacognição, entendido como um processo mental interno através do qual o próprio toma consciência dos diferentes momentos e aspectos da sua actividade cognitiva (SANTOS, 2002, p. 75-76).

Nesse sentido, a autoavaliação deve ser entendida como processo e não o resultado final, bem como deve ser realizada ao longo de um período e não somente no seu final. Pois a riqueza da autoavaliação está também na tomada de consciência sobre os diferentes momentos e aspectos da cognição, podendo assim, o sujeito, ao se autoavaliar, rever suas ações e sua caminhada e redirecioná-las, caso seja necessário.

Assim, por meio da autoavaliação, o estudante pode considerar "[...] o que já aprendeu, o que ainda não aprendeu, os aspectos facilitadores e os dificultadores do seu trabalho, tomando como referências os objetivos de aprendizagem e os critérios de avaliação [...]" (VILLAS BOAS, 2008, p. 51). Podendo, o estudante traçar, com a ajuda do professor, diferentes estratégias em prol da construção do conhecimento e, assim, reorientar sua aprendizagem.

Tais ações visam a orientação do trabalho de autoavaliação e têm a intenção de diminuir possíveis mal-entendidos acerca do exercício da autoavaliação, pois em muitos casos, a autoavaliação é interpretada, erroneamente, como o exercício de o estudante atribuir um grau ou conceito sobre si mesmo, ou seja, que o aluno atribua um grau para sua participação em aula. Embora a atribuição de um grau e/ou nota passa fazer parte da autoavaliação, este não deve ser seu principal objetivo. A autoavaliação deve ser um exercício de reflexão sobre a cognição e construção do conhecimento, objetivando a metacognição. Nesse sentido, a autoavalição figura-se como instrumento de formação e não apenas de comprovação, no qual o estudante toma consciência de suas próprias ações e posicionamentos (Figura 1).

Figura 1. Processo de autoavaliação.
Fonte: Pathdoc/Shutterstock.com

Já a avaliação pelos pares é realizada no coletivo, oportunizando que os sujeitos avaliem uns aos outros, não com caráter de julgamento, mas de olhar o trabalho realizado e inferir opiniões sobre ele. Nesse sentido:

> A coavaliação entre pares é um outro processo de regulação que oferece igualmente potencialidades. É um processo simultaneamente externo e interno ao sujeito. Implica outros, mas envolve igualmente o próprio. Reconhecendo a interação social como um recurso fundamental na construção do conhecimento, é através de situações de comunicação, que os alunos em interação são colocados "em situações de confronto, de troca, de interação, de decisão, que os forcem a explicar, a justificar, a argumentar, expor ideias, dar ou receber informações para tomar decisões, planear ou dividir o trabalho, obter recursos" (PERRENOUD, 1999, p. 99).

Ainda:

> Situações que levem os alunos a apoiar os outros e a receber ajuda dos pares constituem experiências ricas na reestruturação dos seus próprios conhecimentos, na regulação das suas aprendizagens, e no desenvolvimento da responsabilidade e da autonomia (SANTOS, 2002, p. 76)

Assim como a autoavaliação, a avaliação pelos pares não deve ser entendida apenas como uma tarefa de atribuição de grau ou nota a um colega ou grupo de colegas, deve ser entendida como um movimento de confronto de ideias, de argumentação e de apoio entre os alunos para que possam exercitar a reflexão e auxiliar a replanejar as ações em prol do alcance dos objetivos de aprendizagem. Sendo que este exercício necessita do auxílio e orientação do professor para que seja significativo a todos os participantes e proveitoso para o processo de ensino-aprendizagem.

Itens para uma boa autoavaliação

A autoavaliação, para que seja um exercício significativo para os participantes, necessita ter objetivos e intencionalidade claros. Nesse sentido, é imprescindível o papel do professor e seu posicionamento e auxílio aos estudantes para realização neste exercício de o sujeito avaliar-se a si mesmo. Tal como sinaliza Hoffman (2001), é importante que o professor desenvolva com seus alunos um olhar crítico e reflexivo sobre suas posturas e condutas, a fim de que percebam sua própria evolução. Sendo que esta diz respeito a:

> [...] evolução do aluno em termos de uma postura reflexiva sobre o que aprende, as estratégias de que se utiliza e sobre sua interação com os outros. Tais práticas não se reduzem a processos de autocontrole de condutas, em momentos determinados por professores ou escolas. Mas se desenvolvem mediadas por posturas igualmente reflexivas dos educadores (HOFFMANN, 2001, p. 171).

Sobre o exercício da autoavaliação e o papel orientador do professor neste processo, Grillo e Freitas (2010) elencam algumas possibilidades de ações e de intervenção que podem ser realizadas pelo professor:

> Oportunizar momentos em aula para refletir conjuntamente sobre os resultados de determinada tarefa, analisando as fragilidades apresentadas pelos alunos e propondo a participação destes no planejamento de estratégias que visem à superação das dificuldades encontradas. A partir da reflexão realizada, é possível, ainda, solicitar que os alunos refaçam a tarefa individualmente ou em pequenos grupos, expressando os conhecimentos reconstruídos.

Prever, nas tarefas escritas, um espaço para que o aluno possa avaliar o seu desempenho na atividade, destacando dificuldades e facilidades encontradas, suas possíveis causas, bem como as alternativas que podem ser construídas para a superação de obstáculos.

Construir, em parceria com o aluno, ações para superar dificuldades.

Desafiar o aluno a compreender melhor seu pensamento, através de questionamentos como "O que fizeste?", "Por que fizeste desta maneira?", "O que pensaste para resolver a questão?", "Por que pensaste assim?", "Por que optaste por tal caminho?", entre outros. O questionamento sistemático por parte do professor – oral, individual ou coletivamente – pode contribuir para que o aluno incorpore em sua prática o hábito de formular questões a si mesmo. Pode ser realizado por escrito, através de registros nos materiais produzidos pelos alunos, substituindo observações como "confuso", "não atende ao solicitado", "rever", entre outras, por questões como "o que te levou a resolver a questão desta maneira?", "por que a tua solução não contempla o que foi solicitado na questão?", o que pode contribuir para o desenvolvimento da atitude reflexiva, imprescindível à metacognição (GRILLO; FREITAS, 2010, p. 48)

Assim, a autoavaliação deve ser processual e, embora tenha como foco um olhar mais pessoalizado sobre a própria aprendizagem, ser fomentada também pela e na coletividade. Em que os estudantes possam refletir conjuntamente sobre sua apropriação e corresponsabilidade pelo e no processo de aprendizagem.

Hoffman (2001) sugere alguns questionamentos para fomentar as discussões sobre a autoavaliação com os estudantes e que os leve a um bom processo de autoavaliação, quais sejam:

O que se está aprendendo? O que aprendi nesse tempo? Como se aprende/se convive? De que forma poderia aprender/conviver melhor? Como poderia agir/participar para aprender mais? Que tarefas e atividades foram realizadas? O que aprendi com elas? O que mais poderia aprender? O que mais aprendi com meus colegas e professores a ser e a fazer? De que forma contribuí para que todos aprendessem mais e melhor? (HOFFMANN, 2001, p. 80-81).

Ou seja, para uma boa autoavaliação, se faz necessário levar o estudante a retomar os conhecimentos e atividades desenvolvidas, mas também que ele reflita sobre sua participação no desenvolvimento destas atividades, e, ainda assim, sua contribuição para a construção do conhecimento. Ainda, que o estudante seja levado a refletir sobre seu papel de ator, produtor e construtor de conhecimento, e não somente receptor de informações.

Assim, a autoavaliação, além de conter relatos sobre atividades e conteúdos aprendidos, deve ter um espaço para o estudante colocar suas impressões e se colocar como parte do processo. Exercitar no estudante o posicionamento crítico sobre si mesmo é importante para seu crescimento, tanto no âmbito escolar e acadêmico quanto na vida em sociedade. Com isso, ele tem a possibilidade de perceber sua coparticipação em todos os momentos do processo e também sua parcela no sucesso das ações e aprendizagens.

Link

Confira a dica publicada na Revista Nova Escola sobre a autoavaliação e o que fazer ou não em processos de autoavaliação. A matéria é intitulada "Autoavaliação: como ajudar seus alunos nesse processo", disponível em:

https://goo.gl/ff5RtT

Regulação e autorregulação buscando a aprendizagem

Ao falarmos em avaliação, estamos falando também de processos de regulação e autorregularão. Uma vez que a avaliação é um processo que atesta algo ou atitudes e atividades, e as valida e/ou determina sua confiabilidade, consistência e pertinência.

Assim, a avaliação passa por processos regulatórios, onde a avaliação permite a regulação do ensino, estando situado no centro da formação em todos os níveis. Sendo que a avaliação "auxilia o aluno a aprender e a se desenvolver, ou seja, que colabora para a regulação das aprendizagens e do desenvolvimento no sentido de um projeto educativo" (PERRENOUD, 2000, p. 50).

Nesse sentido, vamos aclarar e debater sobre a presença da regulação e autorregularão nos processos de aprendizagem, primeiramente buscando diferenciá-las, mas também visando um ponto de intersecção entre elas.

Como o nome já diz, regulação é entendido como ato ou efeito de regular, ou ainda, a ação por meio de regras. Nesse sentido, quando falamos em avaliação, a regulação é a ação regulatória exercida por um sujeito ou agente externo (professor), sendo a autorregularão exercida pelo próprio sujeito da aprendizagem, neste caso o estudante.

Uma vez que a regulação faz parte do processo de aprendizagem, ela serve para auxiliar a avaliação formativa por meio do auxílio do professor na recondução do processo de aprendizagem dos estudantes. Assim, "[...] é formativa toda avaliação que ajuda o aluno a aprender e a se desenvolver, ou melhor, participa da regulação das aprendizagens e do desenvolvimento no sentido de um projeto educativo". (PERRENOUD, 1999, p. 103)

> A autorregulação, quando considerada num contexto de aprendizagem, relaciona-se com o processo que abarca a ativação e a manutenção das cognições, motivações, comportamentos e afetos dos alunos, planejados ciclicamente, e ajustados com a finalidade de alcançar os seus objetivos escolares (SCHUNK, 1989; ZIMMERMAN, 1989a, 1989b, 2000).

Ainda,

> Trata-se de um processo cíclico e multidimensional – que não é um traço de personalidade nem uma característica só de alguns indivíduos – no qual o estudante desempenha um papel ativo, num processo diferenciado de acordo com as situações (SILVA; SIMÃO; SÁ, 2004).

Assim, a autorregularão e a regulação devem fazer parte do mesmo processo, em que o professor, como agente externo, auxilia o estudante a conscientizar-se sobre sua aprendizagem e a vislumbrar a melhor maneira de desenvolver-se a si mesmo. Pois somente:

> A regulação externa dos processos é ineficaz: um professor não pode efetuar diretamente a regulação proativa dos processos dos alunos nem a regulação interativa dos processos no decorrer da ação, embora possa agir indiretamente sobre esse processo, influenciando a autorregularão que o aluno deve efetuar e que é o único modo eficaz de regulação. Os professores poderiam garantir essa função de regulação externa – e,

portanto, indireta – dos processos dos alunos, organizar os minutos anteriores ao exercício para que ele se prepare (BONNIOL; VIAL, 2001)

Para Allal (1986, p. 176): "as modalidades de avaliação adoptadas por um sistema de formação têm sempre uma função de regulação, o que significa que a sua finalidade é sempre a de assegurar a articulação entre as características das pessoas em formação, por um lado, e as características do sistema de formação, por outro.". O autor propõe que a regulação está ou deve estar presente em todas as formas e momentos da avaliação, como apresentado no Quadro 1.

Quadro 1. Avaliação como meio de regulação no seio de um sistema de formação.

Formas de regulação	Momento	Função da avaliação	Decisão a tomar
Assegurar que as características dos alunos correspondam às exigências do sistema	No início de um ciclo de formação	Prognóstica	Admissão, orientação
	No fim de um período de formação	Somativa	Certificação intermediária ou final
Assegurar que os meios de formação correspondam às características dos alunos	Durante um período de formação	Formativa	Adaptação das atividades de ensino-aprendizagem

Fonte: Allal (1986, p. 178).

A autora propõe estas três etapas com a finalidade de primeiro recolher as informações dos estudantes sobre o que já sabem e suas possíveis dificuldades, para posteriormente avaliar tais informações e na terceira etapa propor ações adaptativas às atividades, para que o maior número de estudantes seja atendido de forma significativa e que os mesmos possam atingir os objetivos de aprendizagem.

De tal modo, a regulação e a autorregularão funcionam como dispositivo para melhorar uma situação e não para apenas medi-la. Visando a qualificação das estratégias de ensino, para que os estudantes possam superar suas dificuldades e desenvolver as competências de metacognição, para poderem refletir sobre sua própria aprendizagem e postura frente às situações de ensino.

Assim, professor e estudante se unem em prol do desenvolvimento de uma educação mais significativa e proveitosa para ambos, possibilitando a compreensão sobre como é possível pensar e repensar a regulação e a autorregularão em busca da aprendizagem.

Exercícios

1. "Os professores devem fazer perguntas para reforçar pontos importantes, diagnosticar problemas, manter a atenção dos alunos e promover o processamento mais profundo de informações." (RUSSELL e AIRASIAN, 2014, p. 109). Por conseguinte, pode-se afirmar que o encorajamento no momento da autoavaliação é muito importante para o objetivo desta ação. O professor pode com questionamentos pontuais manejar as respostas dos alunos conforme seus objetivos iniciais. Posto isto, marque a alternativa que mais se aproxima da necessidade de encorajamento das habilidades de questionamento dos alunos e a autoavaliação do aprendizado.

    a) Três perguntas básicas precisam ser respondidas durante a autoavaliação: Onde estou? Para onde estou indo? Como chego lá?
    b) Os alunos não devem criar seu próprio conjunto de perguntas, pois é o professor quem deve saber as perguntas mais relevantes para cada idade.
    c) Os alunos não devem se comunicar uns com os outros, nem em relação às atividades, nem aos progressos adquiridos.
    d) Nenhum exemplo de trabalho deve ser apresentado aos alunos, correndo o risco de ser copiado instantaneamente.
    e) Os objetivos de ensino em sala de aula não apresentam ligações com a autoavaliação.

2. "A principal finalidade da avaliação formadora é que os alunos construam um bom sistema interno de pilotagem para aprender e o melhorem progressivamente [...]. O problema da aprendizagem e em geral, o da formação, deve ser proposto mais em termos da lógica daquele que aprende e de acesso à autonomia, que em termos da lógica do especialista e dos manuais pedagógicos." (NUNZIATI, 1990, p. 53 apud SANMARTÍ, 2009, p. 50). Sabe-se que a capacidade de aprender está diretamente

relacionada à capacidade de autorregulação da aprendizagem. Cada pessoa aprende de uma maneira diferente e com mais facilidade para determinadas áreas que outras. Com o passar do tempo vamos aprimorando nossa maneira de aprender, mas sempre realizando autorregulação. Dessa forma, marque abaixo a assertiva CORRETA acerca da autoavaliação e da autorregulação:

a) Existem alunos que precisam de assessoria constante do professor para realizar atividades, tais alunos precisam que o professor aponte a todo o momento onde estão errando, seguem instruções dadas sem saber o porquê nem para quê.
b) A capacidade para aprender está intimamente relacionada à capacidade para autorregular a aprendizagem. Desde que entramos para a escola, nossos professores vão construindo nosso estilo de aprender e vamos melhorando-o com o tempo.
c) Os alunos que mais aprendem caracterizam-se pela capacidade de planejar sua atividade, em função de aprovação no final do período letivo, e não pelos objetivos de aprendizagem.
d) Constantemente os alunos leem textos, escutam explicações, fazem experimentos ou exercícios e conseguem perceber de maneira adequada sempre a finalidade das atividades que estão sendo desenvolvidas e as relações entre elas.
e) O objetivo dos alunos quando estão em sala de aula é a aprendizagem, não a aprovação. A maioria dos alunos não está preocupada com as notas que receberá, mas com o conhecimento que irá acumular.

3. "A capacidade para aprender está intimamente relacionada à capacidade para autorregular a aprendizagem. Desde que nascemos, vamos construindo nosso próprio estilo de aprender e o vamos melhorando com o tempo." (SANMARTÍ, 2009, p. 50). Então, sobre a aprendizagem de alunos a partir da autoavaliação e à autorregulação, pode-se afirmar que:

a) A autoavaliação, diferentemente da avaliação pelos pares, não promove a autorregulação, pois dificilmente os alunos percebem as lacunas que devem regular para chegar à aprendizagem.
b) Os alunos que mais aprendem com a autoavaliação são os que estão frequentemente preocupados com a aprovação no final do período letivo.
c) Em sala de aula, o trabalho relacionado aos pontos de vista dos professores constitui o eixo em redor do qual se produz a aprendizagem dos alunos.
d) Informar os critérios de avaliação e os objetivos de aprendizagem são suficientes para os alunos que, normalmente, utilizam da autorregulação para chegar à aprendizagem.
e) Os alunos que aprendem são fundamentalmente aqueles que sabem identificar e regular suas dificuldades e encontrar os auxílios significativos para superá-las.

4. Os alunos que aprendem são fundamentalmente aqueles que sabem identificar e regular suas dificuldades e encontrar os auxílios significativos para superá-las. Algumas questões são propostas por esse tipo de alunos e alunas:
I. Por que devo fazer esse trabalho, para que ele serve?
II. Depois de fazer tal coisa, farei esta outra?
III. Se utilizo este outro método, acho que também obterei bons resultados!
IV. Eu não esperava este resultado! Devo ter errado nesta parte!
V. Nesta parte do trabalho, já não sei como continuar: você pode me orientar?

Estas perguntas e reflexões estão vinculadas, respectivamente, com:

a) I) perguntas relacionadas com os objetivos da tarefa; II) perguntas e reflexões relacionadas com a antecipação e planejamento da ação; III) perguntas e reflexões relacionadas com os critérios de avaliação; IV) perguntas e reflexões relacionadas com os critérios de avaliação; V) perguntas e reflexões relacionadas com os critérios de ação.

b) I) perguntas relacionadas com os objetivos da tarefa; II) perguntas e reflexões relacionadas com a antecipação e planejamento da ação; III) perguntas e reflexões relacionadas com a antecipação e planejamento da ação; IV) perguntas e reflexões relacionadas com os critérios de avaliação; V) perguntas e reflexões relacionadas com os critérios de avaliação.

c) I) perguntas relacionadas com os objetivos da tarefa; II) perguntas e reflexões relacionadas com a antecipação e planejamento da ação; III) perguntas e reflexões relacionadas com a antecipação e planejamento da ação; IV) perguntas relacionadas com os objetivos da tarefa; V) perguntas e reflexões relacionadas com os critérios de avaliação.

d) I) perguntas relacionadas com os objetivos da tarefa; II) perguntas e reflexões relacionadas com a antecipação e planejamento da ação; III) perguntas e reflexões relacionadas com a antecipação e planejamento da ação; IV) perguntas e reflexões relacionadas com a antecipação e planejamento da ação; V) perguntas e reflexões relacionadas com os critérios de avaliação.

e) I) perguntas relacionadas com os objetivos da tarefa; II) perguntas e reflexões relacionadas com a antecipação e planejamento da ação; III) perguntas e reflexões relacionadas com a antecipação e planejamento da ação; IV) perguntas e reflexões relacionadas com os critérios de avaliação; V) perguntas relacionadas com os objetivos da tarefa.

5. "Corrijo os trabalhos e ponho comentários e notas em tudo, mas não serve de nada, os resultados não melhoram; mas se nem corrijo nem ponho notas, não levam a sério os trabalhos e tampouco aprendem alguma coisa. Como resolver essa contradição? (Pergunta formulada por uma professora em um seminário de formação)" (SANMARTÍ, 2009, p. 63)

Uma maneira de responder a essa professora é introduzir o assunto da autoavaliação e da coavaliação em sala de aula. A professora tem experiência em atividades de avaliação formativa e também na coavaliação, ação esta em que os alunos trocam atividades realizadas e identificam erros, acertos e melhorias possíveis nos trabalhos dos colegas. Sobre a coavaliação, com base nos estudos realizados nesta unidade e nosso conhecimento prévio, pode-se afirmar que:

a) Durante a realização da atividade de coavaliação, apenas o que for registrado por escrito deve ser considerado com a finalidade de aprendizagem.

b) É fundamental que, durante uma atividade de coavaliação, os alunos com mais dificuldade permaneçam junto com os alunos com mais dificuldade.

c) A coavaliação deve existir apenas dentro da mesma escola de origem de determinados alunos, pois a realidade de cada escola precisa ser considerada.

d) O objetivo principal de uma atividade de coavaliação é que os alunos percebam as estratégias de resolução de problemas e tomem consciência de suas dificuldades.

e) O trabalho coletivo e o trabalho cooperativo são similares e ocorrem com muita facilidade em sala de aula, sem precisar de nenhum esforço por parte dos professores.

Referências

ALLAL, L. Estratégias de avaliação formativa: concepções psicopedagógicas e modalidades de aplicação. In: ALLAL, L.; CARDINET, J.; PERRENOUD, P. (Org.). *A avaliação num ensino diferenciado*. Coimbra: Almedina, 1986. p. 175-209.

BONNIOL, J.; VIAL, M. *Modelos de avaliação*: textos fundamentais. Porto Alegre: Artmed, 2001.

GRILLO, M. C.; FREITAS, A. L. S. Autoavaliação: por que e como realizá-la? In: GRILLO, M. C.; GESSINGER, R. M. (Org.). *Por que falar ainda em avaliação?*. Porto Alegre: EDIPUCRS, 2010. p. 45-50.

PERRENOUD, P. *Avaliação*: da excelência à regulação das aprendizagens: entre duas lógicas. Porto Alegre: Artmed, 1999.

PERRENOUD, P. *Dez novas competências para ensinar*. Porto Alegre: Artes Médicas Sul, 2000.

SANTOS, L. Auto-avaliação regulada: porquê, o quê e como?. In: ABRANTES, P.; ARAÚJO, F. (Coord.). *Avaliação das aprendizagens*: das concepções às práticas. Lisboa: DEB ME, 2002. p. 75-84.

SILVA, A. L. da; SIMÃO, A. M. V.; SÁ, I. A auto-regulação da aprendizagem: estudos teóricos e empíricos. *InterMeio*: Revista do Programa de Pós-Graduação em Educação--UFMS, Campo Grande, v. 10, n. 19, p. 58-76, 2004.

VILLAS BOAS, B. M. F. *Virando a escola do avesso por meio da avaliação*. Campinas, SP: Papirus, 2008.

A avaliação em projetos de trabalho

Objetivos de aprendizagem

Ao final deste texto, você deve apresentar os seguintes aprendizados:

- Explicar o conceito e etapas dos projetos de trabalho.
- Apontar estratégias de ensino na aprendizagem baseada em projetos.
- Identificar opções de avaliação para a aprendizagem baseada em projetos.

Introdução

Quem avalia, avalia em qualquer espaço ou modalidade de ensino, certo? Nem sempre! Para avaliar a partir de projetos de trabalhos, por exemplo, que apresentam uma abordagem diferenciada dos processos de ensino e de aprendizagem, são necessários conhecimentos, estratégias e opções de avaliações diferenciados, buscando a avaliação da aprendizagem baseada em projetos. Neste capítulo, focaremos em um tipo de instrumento de ensino e de aprendizagem, os projetos de trabalho e, por conseguinte, em um tipo de avaliação.

Os projetos de trabalho: conceito e etapas

Os projetos de trabalho (Figura 1) são considerados importantes instrumentos para a prática pedagógica, tanto em escolas como em universidades. Nos projetos de trabalho, todos os conteúdos do currículo, ou programáticos podem ser desenvolvidos e trabalhados girando em torno de um projeto.

Figura 1. Aprendendo por meio de projetos de trabalho.
Fonte: Kit8.net/Shutterstock.com

Para Hernández-Hernández (1998), os projetos de trabalho surgem como forma de renovar as práticas educativas nas escolas, como tentativa de acompanhar as mudanças sociais e ressignificar a função da educação e não apenas readaptá-la. Para tal, é definido um tema gerador e são traçados objetivos e metas a serem alcançados.

Em geral, os projetos de trabalho são interdisciplinares e atendem a diferentes disciplinas. Assim, os estudantes podem perceber a interconexão entre os conteúdos e disciplinas. Além disso, os projetos de trabalho podem proporcionar uma visão mais ampla da realidade e a aplicabilidade dos conceitos desenvolvidos na escola, para a prática do cotidiano.

> Será necessário oportunizar situações em que os alunos participem cada vez mais intensamente na resolução das atividades e no processo de elaboração pessoal, em vez de se limitar a copiar e reproduzir automaticamente as instruções ou explicações dos professores. Por isso, hoje o aluno é convidado a buscar, descobrir, construir, criticar, comparar, dialogar, analisar, vivenciar o próprio processo de construção do conhecimento (ZABALLA, 1998, p. 119).

Conceitualmente, os projetos de trabalho podem ser entendidos como uma possibilidade de participação ativa dos estudantes no processo de construção do conhecimento, no qual estudantes e professor são aprendizes e juntos trabalham em prol da aprendizagem significativa e compartilhada. Uma vez que, nos projetos de trabalho, o professor atua muito mais como um orientador, um mediador da aprendizagem, possibilitando e viabilizando o debate, a criticidade e o desenvolvimento da autonomia e da consciência social e cultural dos estudantes.

> Os projetos de trabalho constituem um planejamento de ensino e aprendizagem vinculado a uma concepção da escolaridade em que se dá importância não só a aquisição de estratégias cognitivas de ordem superior, mas também ao papel do estudante como responsável por sua própria aprendizagem. Significa enfrentar o planejamento e a solução de problemas reais e oferece a possibilidade de investigar um tema partindo de um enfoque relacional que vincula ideias-chave e metodologias de diferentes disciplinas (HERNÁNDEZ-HERNÁNDEZ, 1998, p. 89)

Nesse sentido, os projetos de trabalho funcionam como uma possibilidade de conexão entre a realidade social e os conteúdos escolares, vinculando, ainda, as diferentes disciplinas, trabalhando com objetivos comuns, qual seja a contextualização do processo de ensino e de aprendizagem.

Nos projetos de trabalho, os estudantes são instigados a trabalharem coletivamente e de forma colaborativa. Hernández-Hernández (1998) salienta da importância de se trabalhar por meio de projetos, onde os alunos se tornam protagonistas da construção do conhecimento pessoal e coletivo.

Assim, o trabalho por meio de projetos objetiva:

> Aproximar-se da identidade dos alunos e favorecer a construção da subjetividade, longe de um prisma paternalista, gerencial ou psicologista, o que implica considerar que a função da escola não e apenas ensinar conteúdos, nem vincular a instrução coma aprendizagem.
> Revisar a organização do currículo por disciplinas e a maneira de situá-lo no tempo e no espaço escolar. O que torna necessária a proposta de um currículo que não seja uma representação do conhecimento fragmentada, distanciada dos problemas que os alunos vivem e necessitam responder em suas vidas, mas, sim, solução de continuidade.

> Levar em conta o que acontece fora da escola, nas transformações sociais e nos saberes, a enorme produção de informação que caracteriza a sociedade atual, e aprender a dialogar de uma maneira crítica com todos esses fenômenos (HERNÁNDEZ-HERNÁNDEZ, 1998, p. 61).

Para o alcance destes objetivos, os projetos de trabalho consideram quatro etapas distintas e complementares: problematização, desenvolvimento, aplicação e avaliação. Sendo que, todo o projeto de trabalho para ser iniciado necessita de um tema central, o qual deve ser discutido, pensado e escolhido pelo grupo, neste caso, alunos e professores envolvidos.

A **problematização** é o ponto inicial do projeto. A problematização pode surgir a partir de algum acontecimento do cotidiano, alguma dúvida expressada pelos estudantes ou ainda por meio de uma proposição do professor. Porém, em ambos os casos, o assunto deve ser amplamente discutido com o grupo, e somente após esta discussão, escolher o problema que será desenvolvido no projeto de trabalho. É imprescindível que o professor estimule a participação de todos no debate, e que sejam levantados os conhecimentos prévios dos alunos, o que lhes interessa saber e como poderão desenvolver este conhecimento. Ao final desta etapa, deverão ser formulados os problemas a serem respondidos e também poderão ser elencadas as hipóteses de pesquisa.

O **desenvolvimento** é quando são criadas as estratégias para responder o problema levado na primeira etapa. Esta etapa também é desenvolvida conjuntamente, sendo que é neste momento que serão levantadas as formas para se alcançar a resposta ao problema. Estas estratégias podem conter atividades em grupo, saídas de campo, entrevistas com a comunidade, debates, vídeos, teatro, etc. Ao desenvolvê-las deve ser levado em consideração oportunidades nas quais os estudantes sejam confrontados entre si e com os conteúdos que os levem a pensarem criticamente sobre as informações trabalhadas e que possam ter espaços e oportunidades de socialização destas construções. Sendo que, devem ser instigados a refletir sobre o problema e hipótese levantados, a fim de verificar se são válidos, ou ainda, se já foram superados.

A **aplicação** é a etapa na qual os estudantes divulgam o trabalho desenvolvido e tentam aplicar na prática os conhecimentos e soluções levantadas para o problema e hipóteses considerados a partir da execução do projeto na realidade/contexto no qual estão inseridos.

A **avaliação** é o momento em que se reflete sobre o processo como um todo. Rever as atividades e estratégias e debater entre todos sobre as aprendizagens construídas e o significado atribuído a elas. É quando se reflete sobre o trabalho desenvolvido, sendo que, embora deva ser realizada uma grande avaliação ao final do projeto de trabalho, ela deve ser entendida como processual e realizada ao longo do desenvolvimento do projeto.

É importante salientar que, embora sejam descritas em etapas, os momentos em um projeto de trabalho são processuais, ou seja, tais etapas se inter-relacionam e devem ser retomadas e revistas ao longo de todo o desenvolvimento do projeto. Problematização, desenvolvimento, aplicação e avaliação devem ser retomados e revistos para garantir a aplicabilidade e significância do trabalho, pois estas não são etapas estanques, elas fazem partem de um processo de ir e vir a fim de atribuir significado às aprendizagens construídas, vislumbrando outras tantas que possam surgir.

Estratégias de ensino na aprendizagem baseada em projetos

A aprendizagem baseada em projetos leva em consideração os conhecimentos prévios dos estudantes, bem como a autonomia em relação à construção do conhecimento. Sendo que, neste processo, o professor tem o papel de orientador e mediador das situações de ensino e de aprendizagem.

Nesse sentido, são propostas algumas estratégias para o desenvolvimento de atividades que envolvam a aprendizagem baseada em projetos (ABP).

> A principal característica da metodologia da ABP é, portanto, a apresentação de situações-problemas aos estudantes que, tendo despertada a curiosidade para investigas, devem esgotar o assunto em todos os aspectos, enquanto adquirem conhecimentos e compreensão de conceitos fundamentais. Com esse objetivo, procuram as fontes necessárias para tentar criar soluções viáveis. Aprendem uma série de conteúdos, mas baseados num conhecimento anterior (BUFREM; SAKAKIMA, 2003, p. 354)

Os autores, Bufrem e Sakakima (2003) definem sete passos para trabalhar com a aprendizagem baseada em problemas, que visam o equilíbrio entre teoria e prática em situações de problema em sala de aula (Quadro 1).

Quadro 1. Sete passos da aprendizagem baseada em problema.

Ação	Questões/uso	Questões/uso
1. Ler e analisar o problema	Identificar e esclarecer os termos desconhecidos.	Quais são os problemas?
2. Listar o que já é conhecido	Escrever o que o grupo conhece sobre o assunto, dividir as questões pertinentes, criar hipóteses.	Por onde começar?
3. Desenvolver um relatório do problema	Analisar e descrever o que o grupo está tentando resolver, produzir, responder, ou encontrar.	Uso do *brainstorm* para encontrar possíveis explicações, de acordo com os conhecimentos prévios.
4. Formular os objetivos de aprendizagem	Preparar uma lista das necessidade para resolver os problemas, dos conceitos e princípios que devem ser aprendidos e do que deve ser estudado para aprofundar os conhecimentos. Essas questões irão guiar as buscas nas bibliotecas e outras fontes.	O que é necessário aprender?
5. Listar possíveis ações	Listar recomendações, ações, hipóteses, identificar fontes, recursos e ações individuais.	O por quê fazer? Quem faz o quê? Utilizar-se do estudo individual.
6. Analisar as informações obtidas	Retomar ao grupo, discutir diante dos novos conhecimentos adquiridos, revisar os problemas, identificar outros, formular e testar as hipóteses criadas para explicar o problema, ou encaminhar possíveis soluções, baseados nos dados de pesquisa levantados.	O objetivo foi alcançado? O que foi aprendido?

(Continua)

(Continuação)

Quadro 1. Sete passos da aprendizagem baseada em problema.

Ação	Questões/uso	Questões/uso
7. Apresentar veredictos e soluções	Preparar um relatório com as recomendações, inferências ou outra solução apropriada ao problema, baseando-se nos dados levantados e já questionados. Não é necessário esgotar os temas, deve-se refletir sobre o processo, questionando os novos conhecimentos adquiridos. Se possível, realizar uma avaliação de cada um e do grupo como um todo (auto avaliação).	Apresentar relatório.

Os alunos percorrem um caminho de aprendizagem em que fazem uso de teorias, discussões, pesquisa de campo para apropriar-se do problema e ir a busca da solução. O professor assume o papel de tutor que acompanha os estudantes durante todo o processo, oferendo subsídios para a caminhada de aprendizagem, mas não soluciona o problema, apenas instiga e estimula os estudantes na busca pela solução. Sendo que, ao longo do processo, realiza discussões e debates para aprofundar a temática e fazer uso da teoria para dar suporte a possíveis soluções ao problema.

Link

Assista ao vídeo intitulado "Aprendizagem Baseada em Problema - ABP Definições e Conceitos". Disponível em:

https://goo.gl/qdMTno

A avaliação para a aprendizagem baseada em projetos

A avaliação para a aprendizagem baseada em projetos, assim como em qualquer outra atividade educativa, deve levar em consideração as aprendizagens desenvolvidas pelos estudantes a partir dos objetivos propostos. De acordo com Hadji (2001), em se tratando de projetos, alguns aspectos podem ser melhor observados dada a complexidade do trabalho proposto.

Assim, a avaliação deverá levar em consideração:

- Definição de seus objetos, através do "objetivo" a tarefa (exigência de pertinência);
- Determinação de critérios de realização claramente identificáveis e claramente explicitados (exigência de justiça, particularmente no que diz respeito à redação das instruções);
- Determinação de espaços de observação cuja pluralidade corresponda àquela das dimensões da tarefa (exigência de pluralidade);
- Operacionalização de uma estratégia de avaliação que permita observar o aprendiz em várias situações que podem corresponder à "competência geral" visada (exigência de "significatividade") (HADJI, 2001, p. 93)

Ou seja, a avaliação, também em aprendizagem baseada em projetos, necessita de planejamento e critérios bem-definidos. Sobre os quais estudantes e professores poderão ser orientados ao longo do processo e poderão refletir sobre sua caminhada.

O importante na avaliação em projetos é que ela deve ser processual e não medida por meio de provas e testes, pois o objetivo principal dos projetos é o desenvolvimento de habilidade que não pode ser medida, mas sim observada e acompanhada pelo professor ao longo da trajetória da aprendizagem. Pois, a partir desta observação, o professor poderá auxiliar seus alunos a perceberem as habilidades desenvolvidas e o processo pelo qual passaram ao trabalharem com projetos.

Nesse sentido, Bender (2014) afirma que a aprendizagem baseada em projetos consiste em um modelo de educação que auxilie os estudantes a confrontarem problemas do mundo real, pensando como podem estudá-los e de maneira colaborativa buscarem as soluções possíveis para o problema em questão.

Assim, a avaliação para a aprendizagem baseada em projetos, requer o envolvimento de todos os participantes, em um processo no qual sejam observados movimentos, interações e construções realizadas. Por isso, o registro das atividades desenvolvidas é de extrema importância, pois mantém a memória do projeto, bem como auxilia os participantes a reverem as etapas desenvolvidas e vivenciadas ao longo do processo.

Tal registro pode ser realizado por meio de diários de campo, diários de aula, planilhas de acompanhamento. Os registros podem ocorrer de forma livre ou seguindo um roteiro pré-estabelecido, sendo que tais registros servem de subsídios para o professor realizar a avaliação do projeto e dos estudantes, em termos de conteúdos, atitudes, envolvimento, etc.

A avaliação ao final do processo também é importante, assim, existem algumas possibilidades para o desenvolvimento da avaliação que não seja a aplicação de testes de conhecimento ou provas. Podem ser utilizadas ferramentas, tais como, **seminários** nos quais os estudantes expõem ao grupo seus achados e possíveis soluções para o problema, **relatório científico** (parcial e/ou final), no qual o estudante, com apoio da literatura/teoria, pode apresentar os resultados alcançados e os conhecimentos adquiridos ao longo do desenvolvimento do projeto, bem como suas impressões e posicionamentos em relação ao problema, e a metodologia utilizada no projeto. **Autoavaliação**, em que o estudante pode se avaliar e perceber como foi seu envolvimento com o projeto, bem como, o que mudou e o que aprendeu ao longo do seu desenvolvimento. **Avaliação do grupo**, momento em que o grupo de trabalho tem a oportunidade de refletir sobre a participação de cada componente do grupo e sua contribuição para o desenvolvimento do projeto. E **perguntas abertas**, nas quais os alunos devem expor suas reflexões sobre sua participação, bem como justificá-las. Estas perguntas, embora sejam específicas, pretendem conferir ao aluno a autonomia ao relatar suas contribuições ao projeto.

Também podem ser considerados, de acordo com Bender (2014), alguns instrumentos com questões predefinidas, como questionários com questões em escala Likert (Concordo totalmente – Discordo totalmente), no qual o estudante pode processar sua atuação durante a realização do projeto. Num movimento em que ele possa refletir sobre seu trabalho e seu resultado, analisando seu potencial e em quais aspectos sua participação poderia ser melhorada. Um exemplo deste tipo de avaliação pode ser visualizado na Figura 2.

> Por favor, avalie seu desempenho nas questões abaixo, com 5 significando excelente, ou "não poderia ter feito melhor", e 1 significando "precisa de melhoria considerável". Seu professor irá discutir suas avaliações com você quando terminar, e lhe serão concedidos pontos quando sua avaliação concordar com a do professor na mesma questão.
>
> Nome do aluno _____ Data da autoavaliação __/__/__
>
> Nome da tarefa sendo avaliada _____
>
> | | | | | | |
> |---|---|---|---|---|---|
> | Pesquisei este tópico completamente no prazo determinado. | 1 | 2 | 3 | 4 | 5 |
> | Esta tarefa apresenta múltiplas fontes de pesquisa. | 1 | 2 | 3 | 4 | 5 |
> | Apresento um conjunto razoável de resumo das informações. | 1 | 2 | 3 | 4 | 5 |
> | Meu trabalho sintetiza bem essas informações. | 1 | 2 | 3 | 4 | 5 |
> | Este trabalho mostra avaliação crucial das evidências. | 1 | 2 | 3 | 4 | 5 |
> | Apresento vários lados do argumento ou evidências. | 1 | 2 | 3 | 4 | 5 |
> | Meu trabalho é organizado, claro e compreensível. | 1 | 2 | 3 | 4 | 5 |
> | Este trabalho é apresentado no formato mais apropriado. | 1 | 2 | 3 | 4 | 5 |
> | No geral, eu avaliaria meu trabalho como: | 1 | 2 | 3 | 4 | 5 |
>
> Assinatura: _____
>
> Ao assinar este trabalho, você está indicando que essa é uma avaliação honesta e precisa. O professor irá analisar e discutir essa avaliação com você e assiná-la após a reunião.
>
> Assinatura do professor _____

Figura 2. Uma autoavaliação de escala numérica Likert.
Fonte: Bender (2014).

Este tipo de avaliação, escala Likert, pode auxiliar os estudantes a avaliar a qualidade de sua participação em áreas e momentos diferentes do projeto. Outro exemplo que pode ser utilizado na avaliação em aprendizagem baseada em projetos é a avaliação por pares, ou avaliação por colegas. Nesta, os estudantes avaliam o trabalho de seus colegas, mas, como em qualquer outro tipo de avaliação, necessita da orientação do professor. Para tal, Bender (2014) sugere um modelo como na Figura 3.

> Ao conduzir avaliações de colegas, o único foco deve ser o fornecimento de auxílio ao aluno ou grupo de alunos que desenvolvem o produto, o relatório, a apresentação ou o artefato. Lembre-se sempre de que nossa meta nas avaliações de colegas é apoiar esses alunos e oferecer nossos melhores conselhos sobre como o produto deles poderia ser melhorado. Não se esqueça de que estamos criticando o produto e não o(s) aluno(s) que o desenvolveu(ram). Eis algumas diretrizes que devem ajudar.
> 1. Sempre analise o produto ou o artefato de forma cuidadosa ao realizar sua avaliação.
> 2. A seguir, prepare observações de avaliação por escrito antes de falar com o aluno cujo trabalho você está avaliando. Isso permite que você analise as observações e os pontos para verificá-los e para remover qualquer crítica severa.
> 3. Inicialmente, sempre busque coisas positivas para dizer. Isso ajuda a avançar a avaliação de discussão e facilitar a discussão das críticas negativas.
> 4. Permita com que mesmo os pontos negativos soem o mais positivo possível. Exemplo: "Apesar de ter gostado do jeito que você fez _____ , eu fiquei preocupado com um aspecto dele(a)".
> 5. Seja específico em relação aos comentários positivos e negativos.
> Exemplos: "Esse foi um grande segmento de vídeo digital quando você discutiu _____ (tópico aqui)."
> "Sinto que isso poderia ter sido feito melhor se você tivesse apresentado também informações sobre _____."
> 6. Seja sucinto em seus comentários. Geralmente, um parágrafo de seis a 10 sentenças é mais do que suficiente para registrar tanto os pontos fortes como os pontos fracos de um artefato.
> 7. Esteja preparado para explicar quaisquer comentários negativos e dar exemplos daquilo que você acredita que irá melhorar o artefato.
> 8. Depois que seus comentários por escrito estiverem preparados, compartilhe-os com o professor e busque orientação sobre como sua formulação pode ser melhorada. Então, compartilhe essa avaliação com o aluno.
> 9. Jamais entre em uma discussão sobre as observações que você fez. Embora sempre se deva deixar que os estudantes façam comentários com relação a sua crítica, você deve relatar quaisquer divergências de avaliação mais sérias ao professor.

Figura 3. Diretrizes para avaliação de colegas.
Fonte: Bender (2014).

Assim, estas são algumas ferramentas que podem auxiliar na avaliação da aprendizagem baseada em projetos, devendo ressaltar que o professor necessita acompanhar os estudantes ao longo de todo e processo, bem como auxiliá-los nesta difícil tarefa de avaliar sua participação e colaboração em um trabalho por projeto.

Link

Você pode conferir alguns exemplos de projetos e avaliação por projetos publicado pelo MEC, intitulado "Avaliação e Projetos na Sala de Aula", publicação esta que faz parte do Programa Nacional de Formação de Profissionais da Educação Básica - PRALER. Disponível em:

https://goo.gl/hvjnPW

Exercícios

1. A avaliação compreendida dentro da aprendizagem baseada em projetos é uma avaliação diferenciada da avaliação nos moldes tradicionais de ensino e de aprendizagem. Considerando tal diferenciação, marque V (caso verdadeira) e F (caso falsa) para as afirmativas abaixo:
   ( ) Como os projetos de trabalho visam uma compreensão mais linear e superficial dos conceitos, a avaliação precisa também refletir isso.
   ( ) Diversas formas de avaliação são utilizadas na aprendizagem baseada em projetos: a autoavaliação e autorreflexão, a avaliação por portfólio, a avaliação pelos colegas (pares), entre outras.
   ( ) Passar por todo o conteúdo do livro didático adotado determina a aprendizagem dos alunos tanto no ensino tradicional quanto na aprendizagem baseada em projetos.
   Marque a alternativa CORRETA.
   a) F, V, F.
   b) F, F, F.
   c) V, V, F.
   d) F, F, V.
   e) V, V, V.

2. Os projetos de trabalho visam uma compreensão mais aprofundada e também contemplando a resolução de problemas, sendo assim as avaliações precisam também refletir este diferencial e serem mais reflexivas que as tradicionalmente realizadas em sala de aula. São instrumentos utilizados com excelência nas avaliações das aprendizagens em projetos de trabalhos, EXCETO:
   a) Provas orais.
   b) Autoavaliação.
   c) Avaliação pelos pares.
   d) Portfólio.
   e) Avaliação feita pelos professores.

3. Um projeto de trabalho realizado em conjunto entre professores e alunos possui atividades e atuações de uma parte e também de outra parte. Marque a alternativa em que a síntese da atuação está CORRETA.
   a) Cabe ao professor estabelecer os objetivos educativos e de aprendizagem e aos alunos descrever o que já sabem do tema e o que querem saber.
   b) O professor deve realizar a autoavaliação de suas atividades e também conhecer o seu próprio processo de aprendizagem e do grupo.
   c) É papel do aluno preestabelecer as atividades que serão realizadas durante o projeto e também apresentá-las ao professor.
   d) O aluno tem um papel de facilitador da aprendizagem nos projetos de trabalhos, apresentando meios de reflexão, recursos, materiais e informações.
   e) É papel exclusivo do professor realizar a avaliação inicial, apontando aos alunos o que eles já sabem sobre o tema do projeto de trabalho e o que eles ainda deverão aprender.

4. Avaliar é tentar compreender se os alunos aprenderam o que os

professores tentaram ensinar. Acerca da avaliação, marque C (caso certa) e E (caso errada) para as afirmativas abaixo:

( ) Antes de realizar a avaliação, é preciso refletir sobre o que se pretendeu ensinar aos alunos.

( ) Após realizada a avaliação e no momento da devolutiva formativa para os alunos, não há necessidade de explicitar os critérios de correção.

( ) Ao fazer a correção da avaliação, é importante que o professor tente detectar o sentido dos erros e também a aprendizagem que foi realizada.

Marque a alternativa CORRETA:
a) C, E, C.
b) C, C, C.
c) E, E, C.
d) C, E, E.
e) E, C, E.

5. Professores mais velhos provavelmente concordariam que há uma diferença considerável entre ensinar a abrangência do conteúdo do livro didático como um todo e considerar o domínio deste conteúdo por parte dos alunos, particularmente para aqueles com dificuldades em uma determinada aula. Em suma, passar por todo o conteúdo do livro não equivale automaticamente à aprendizagem e essa distinção é crucial, à medida que os professores consideram a adoção do ensino na aprendizagem baseada em projetos. Com base nisso, marque nas assertivas abaixo V (caso verdadeira) e F (caso falsa).

( ) Quando um professor está preocupado em passar por todo o conteúdo de um livro é natural que alguns alunos fiquem para trás em termos do domínio dos tópicos estudados.

( ) Muitos professores se sentem pressionados a avançar nas unidades de ensino e, ao realizarem este avanço sem considerar os alunos que apresentaram dificuldades nas unidades anteriores, permitem que muitos alunos jamais dominem o conteúdo da unidade anterior.

( ) Na aprendizagem baseada em projetos, a lógica de avanço em temáticas não deve ser diferenciada, permitindo que, quando comparada com o ensino baseado em padrões tradicionais, resulte em um rendimento acadêmico menos elevado.

a) V, F, F.
b) V, V, F.
c) V, F, V.
d) V, V, V.
e) F, V, F.

Referências

BENDER, W. N. *Aprendizagem baseada em projetos*: educação diferenciada para o século XXI. Porto Alegre: Penso, 2014.

BUFREM, L. S.; SAKAKIMA, A. M. O ensino, a pesquisa e a aprendizagem baseada em problemas. *Transinformação*, Campinas, v. 15, n. 3, p.351-361, 2003.

HADJI, C. *Avaliação desmistificada*. Porto Alegre: Artmed, 2001.

HERNÁNDEZ-HERNÁNDEZ, F. *Transgressão e mudança na educação*: os projetos de trabalho. Porto Alegre: Artmed, 1998.

ZABALA, A. *A prática educativa*: como ensinar. Porto Alegre: Artmed, 1998.

A avaliação nos documentos legais e políticos da educação infantil

Objetivos de aprendizagem

Ao final deste texto, você deve apresentar os seguintes aprendizados:

- Investigar a avaliação como ferramenta de aprendizagem também na Educação Infantil.
- Conhecer os documentos legais e políticos da Educação Infantil.
- Analisar os obstáculos e desafios a serem enfrentados pela Educação Infantil.

Introdução

Neste capítulo, trabalharemos com a avaliação dos documentos legais e políticos da Educação Infantil. Por muito tempo, a Educação Infantil ficou relegada à iniciativa privada; porém, desde a promulgação da Constituição de 1988, a Educação Infantil passa a ser um dever do Estado. A partir disso, creches e pré-escolas passaram a construir novas identidades na busca da superação das posições antagônicas entre ser assistencialista ou ser um momento e ambiente de preparação para etapas posteriores da escolarização. Com a Lei de Diretrizes e Bases (LDB) 9394/96, a Educação Infantil passa a ser parte da primeira etapa da Educação Básica, juntamente com as pré-escolas. Com o Plano Nacional de Educação (PNE) de 2014, são estabelecidas metas que exigem que, até o final da vigência do PNE, ou seja, até 2024, a oferta de Educação Infantil alcance 50% das crianças de zero a três anos e seja universal para crianças entre quatro e cinco anos. Sabemos que enfrentamos inúmeros desafios ainda em todos os quesitos da Educação Infantil, desde a formatação de espaços apropriados aos alunos até a formação diferenciada que os professores precisam ter.

Avaliação como ferramenta de aprendizagem na Educação Infantil

A educação infantil é compreendida, na Legislação brasileira, como a etapa de escolarização que vai dos zero aos cinco anos, ou seja, abarca a creche e pré-escola. Assim como as demais etapas da educação, a educação infantil também se utiliza de instrumentos de avaliação para o desenvolvimento da aprendizagem de seus alunos, bem como para a qualificação deste processo.

Avaliar na educação infantil tem por princípio a observação e o acompanhamento, visto que esta etapa da escolarização, também, trabalha com o desenvolvimento da criança e não apenas com o cuidado. Por muito tempo, a educação infantil foi vista como espaço para cuidar e manter as crianças entretidas durante um período. Atualmente, entendemos que desde os primeiros meses de vida, a criança está se desenvolvendo e por conseguinte em processo de aprendizagem.

De acordo com Carneiro:

> A avaliação na educação infantil consiste no acompanhamento do desenvolvimento infantil e por isso, precisa ser conduzida de modo a fortalecer a prática docente no sentido de entender que avaliar a aprendizagem e o desenvolvimento infantil implica sintonia com o planejamento e o processo de ensino. Por isso, a forma, os métodos de avaliar e os instrumentos assumem um papel de extrema importância, tendo em vista que contribuem para a reflexão necessária por parte dos profissionais acerca do processo de ensino (CARNEIRO, 2010, p. 6).

Ou seja, a avaliação na educação infantil deve abarcar todo o processo e ser utilizada como ferramenta para, além de verificar o desenvolvimento da criança, ressignificar e refletir sobre a prática do professor ao longo do processo. Para tal, o processo deve avaliar os momentos de interação das crianças em grupo, mas sem deixar de registrar a individualidade e o comportamento de cada aluno.

Assim, a avaliação passa, também, pelo olhar do professor para com seus alunos e para com as atividades desenvolvidas, por isso é tão importante que este seja um instrumento que auxilie também a escola a refletir sobre seu projeto de educação para a primeira infância. A esse respeito, Hoffmann (2012), salienta a importância de a avaliação ser um instrumento de acompanhamento, não somente para o professor, mas também para pais, instituição e alunos.

Ainda assim, aponta alguns pressupostos orientadores para a educação infantil e sua avaliação. Quais sejam a presença de:

a) uma proposta pedagógica que vise levar em conta a diversidade de interesses e possibilidades de exploração do mundo pela criança, respeitando sua própria identidade sociocultural, e proporcionando-lhe um ambiente interativo, rico em materiais e situações a serem experienciadas;
b) um professor curioso e investigador do mundo da criança, agindo como mediador de suas conquistas, no sentido de apoiá-la, acompanhá-la e favorecer lhe novos desafios;
c) um processo avaliativo permanente de observação, registro e reflexão acerca da ação e do pensamento das crianças, de suas diferenças culturais e de desenvolvimento, embasador do repensar do educador sobre o seu fazer pedagógico (HOFFMANN, 2012, p. 20).

Nesse sentido, cabe ressaltar a importância do registro e da observação como instrumentos para a avaliação na educação infantil. Pois é a partir deles é possível manter a memória sobre o processo de desenvolvimentos e analisar o crescimento de cada aluno ao longo de um ano, por exemplo.

Porém, é importante que o registro seja imparcial, que não se façam inferências sobre o comportamento ou desenvolvimento do indivíduo, pois esta seria a etapa de avaliação propriamente dita, sendo o registro apenas o subsídio para sua realização.

> Avaliar na Educação Infantil implica em detectar mudanças em competências das crianças que passam a ser atribuídas tanto ao trabalho realizado na creche e na pré-escola quanto exige o redimensionamento do contexto educacional – repensar o preparo dos profissionais, suas condições de trabalho, os recursos disponíveis, as diretrizes definidas e os indicadores utilizados para promovê-la ainda mais como ferramenta para o desenvolvimento infantil (OLIVEIRA, 2007, p. 255).

A avaliação na educação infantil não tem por objetivo a promoção do sujeito para uma etapa posterior, mas, tão somente, observar o que a criança aprendeu ou não e o que necessita aprender. Estas premissas acompanham o que está disposto nos documentos legais e políticos da educação infantil.

Documentos legais e políticos da Educação Infantil

Os documentos legais e políticos que versam sobre a educação infantil brasileira, em geral, fazem parte dos documentos que regem a educação básica, uma vez que a educação infantil é parte desta. O atendimento a crianças de zero a cinco anos é garantido pela Constituição Federal de 1988, em seu artigo 208, inciso IV, em que garante à criança o direito a esse atendimento e ao Estado o dever de ofertá-lo, pelo menos do ponto de vista legal, a Constituição prevê e garante este atendimento.

Tal atendimento é reforçado pela assinatura da Lei de Diretrizes e Bases da Educação Nacional, Lei nº 9.394, promulgada em dezembro de 1996, que estabelece, entre outros itens, o atendimento educacional a crianças da educação infantil, envolvendo crianças de zero a cinco anos de idade. Esta faixa etária foi dada pela redação da Lei nº 12.796, de 2013, pois anteriormente a LDB previa que a idade para atendimento na educação infantil era de zero a seis anos de idade.

A partir destes documentos, outros foram criados e assinados com a finalidade de auxiliar na execução e qualificação da educação infantil. Assim, os principais documentos legais e políticos da educação infantil estão compostos por:

- Constituição Federal;
- Lei de Diretrizes e Bases da Educação Nacional;
- Estatuto da Criança e do Adolescente;
- Resolução nº 5, de 17 de dezembro de 2009, que fixa as Diretrizes Curriculares Nacionais para a Educação Infantil;
- Diretrizes Curriculares Nacionais para a Educação Infantil;
- Parâmetros Nacionais de Qualidade para a Educação Infantil;
- Parâmetros Básicos de Infraestrutura para Instituições de Educação Infantil;
- Referencial Curricular Nacional para a Educação Infantil;

Como vimos, a Constituição Federal e a LDB abarcam o caráter legal da instituição da educação infantil e o dever do Estado de garantir o acesso à educação para crianças de zero a cinco anos de idade nesta etapa da educação básica. Sendo que os demais documentos têm o caráter normativo e de diretriz sobre como deve ser desenvolvido o trabalho na educação infantil.

Uma vez que a educação infantil não possui componentes curriculares obrigatórios, o documento Referencial Curricular Nacional para a Educação Infantil (RCNEI) encaminha alguns aspectos importantes a serem observados, pois este tem por objetivo servir de guia para o desenvolvimento da prática educativa na educação infantil. De acordo com os Referenciais, as atividades com as crianças de zero a cinco anos devem envolver: Movimento, Música, Artes Visuais, Linguagem Oral e Escrita, Natureza e Sociedade e Matemática. (BRASIL, 1998).

Ressalta-se que não é papel da educação infantil alfabetizar as crianças, pois entende-se que nesta fase as crianças não possuem maturidade suficiente para a alfabetização, o papel da educação infantil está mais direcionado para o cuidado e para o educar no sentido de desenvolvimento integral da criança, tendo o caráter mais lúdico nesta etapa como prioridade.

A Resolução nº 5, de 17 de dezembro de 2009, que serve de base para o texto do Referencial Curricular Nacional para a Educação Infantil, fixa em seu oitavo Artigo (BRASIL, 2009).

> Art. 8º A proposta pedagógica das instituições de Educação Infantil deve ter como objetivo garantir à criança acesso a processos de apropriação, renovação e articulação de conhecimentos e aprendizagens de diferentes linguagens, assim como o direito à proteção, à saúde, à liberdade, à confiança, ao respeito, à dignidade, à brincadeira, à convivência e à interação com outras crianças.

De acordo com o RCNEI (BRASIL, 2009): "A elaboração de propostas educacionais veicula necessariamente concepções sobre criança, educar, cuidar e aprendizagem, cujos fundamentos devem ser considerados de maneira explícita." Portanto, é papel das instituições que ofertam educação infantil estarem atentas a estas questões e, ainda mais aos padrões de qualidade elencados nos documentos orientadores para a educação infantil brasileira.

Os Parâmetros Nacionais de Qualidade e da Infraestrutura apresentam aspectos que são considerados essenciais para oferta da educação infantil, bem como a infraestrutura que as instituições devem possuir para atender as crianças nesta etapa de educação.

Os documentos citados são importantes instrumentos para o desenvolvimento e acompanhamento da educação infantil e figuram-se, também, como norteadores da ação educativa neste contexto. Sabemos que, para além das questões burocráticas ou de cumprimento da Lei, a qualidade da educação infantil é de extrema importância para o desenvolvimento das demais etapas educativas, educação básica e superior.

> **Link**
>
> Acesse o documento "Referencial Curricular Nacional para a Educação Infantil" para conhecer na integra a proposta de educação infantil brasileira. Disponível em:
>
> https://goo.gl/pdz6LI

Os obstáculos e desafios a serem enfrentados pela Educação Infantil

A educação infantil, embora assegurada pela legislação, ainda é um desafio para sua instauração. Embora a Lei determine que os munícipios atendam, gratuitamente, todas as crianças na faixa etária de zero a cinco anos, sabemos que a educação infantil não alcança a todos. Ainda assim, quando da obrigatoriedade de estarem na escola e/ou creches crianças de quatro e cinco anos, a realidade mostra que não é o que ocorre em todos os municípios brasileiros.

Grande parte desta faixa etária é atendida pela rede privada de ensino, na qual as famílias arcam com todos os custos pela educação de seus filhos. Fazer cumprir a Constituição Federal e a LDB parece ser um dos grandes desafios e um obstáculo para a educação infantil brasileira.

De acordo com o texto das 20 metas do Plano Nacional de Educação (BRASIL, 2014), os índices alcançados são pequenos se comparados com a legislação que determina que toda a criança deve ter atendimento educacional desde a educação infantil

> despeito desses avanços, ainda é muito restrita a extensão da sua cobertura no País. Dados do Instituto Brasileiro de Geografia e Estatística (IBGE) mostram que, no ano de 2013, o atendimento em creches atingia cerca de 28% das crianças e na pré-escola o índice era de 95,2%. Ainda mais grave é a situação identificada em estudo do mencionado instituto com base em dados do ano de 2010. O estudo demonstrou, por exemplo, que,

do total das crianças atendidas nas creches, 36,3% faziam parte dos 20% mais ricos da população e apenas 12,2% integravam o estrato dos 20% mais pobres (BRASIL, 2014, p. 16).

Para além das questões legais, há desafios frente ao entendimento e o desenvolvimento da educação infantil, ou seja, da finalidade para esta etapa da escolarização. Embora a educação infantil seja vista como uma etapa lúdica, que prima pelo cuidar e pelo brincar, muitas vezes ela é vista apenas como recreação e não como espaço de desenvolvimento e de aprendizagem para as crianças. Não raras vezes, a concepção sobre o professor da educação infantil gira em torno da função e/ou instinto materno.

> A concepção da Educação Infantil como extensão da função materna enfraquece a postura profissionalizante da área. Isto porque essa noção sugere que o docente desse segmento faz uso apenas de conhecimentos do senso comum, o que leva a supor que a prática desses profissionais não precisa ser embasada teoricamente. É preciso enfatizar que a educação nos primeiros anos de vida consiste em um dos principais alicerces para a constituição do sujeito (GALVÃO; BRASIL, 2009, p. 3).

Também é um obstáculo importante a formação dos profissionais que atuam nesta etapa educativa, que, em muitos casos, são estagiários, ou estudantes em formação. A formação aliada com a prática é riquíssima para a trajetória acadêmica dos estudantes da Educação Superior, principalmente, futuros pedagogos. Porém, é necessária a conscientização de que esta etapa da educação, mesmo nas creches, necessita de um olhar atento e também a atuação de profissionais capacitados para lidar com a complexidade que envolve trabalhar com o desenvolvimento afetivo, cognitivo e motor de crianças em idades de zero a cinco anos.

De acordo com Galvão e Brasil (2009, p. 1): "A diversidade das situações educativas que emerge no contexto da Educação Infantil tem direcionado a necessidade de uma formação que contemple as especificidades da educação nessa fase da vida". Temos aqui um desafio conceitual e um obstáculo para a efetivação da qualidade da educação infantil.

O RCNEI apresenta um capítulo sobre o perfil do professor da educação infantil, no qual salienta que também é papel das redes de ensino investir na capacitação dos seus profissionais que não possuem educação em nível superior. Mas também sintetiza algumas características para o profissional que atua nesta etapa. Para além da formação: "é preciso ter professores que estejam comprometidos com a prática educacional, capazes de responder às demandas familiares e das crianças, assim como às questões específicas relativas aos cuidados e aprendizagens infantis." (BRASIL, 2009, p. 41).

Destacamos que existem desafios em termos de infraestrutura de instituições e de materiais para atendimento das crianças na educação infantil. Além da carência em relação aos recursos humanos, também faltam estruturas de sala de aula, espaços diferenciados para lazer, descanso, alimentação, etc. Sendo que além dos espaços, faltam os materiais para que possam cumprir sua função.

Todavia, seja olhando para questões de infraestrutura, seja para as questões pedagógicas, ou ainda, em instituições públicas ou privadas de educação infantil, o desafio desta etapa da educação é estabelecer-se como um espaço importante e necessário de desenvolvimento infantil, desde a tenra idade como uma etapa subsidiária para o desenvolvimento integral da criança.

Exercícios

1. A Lei de Diretrizes e Bases da Educação Nacional (Lei nº 9394/96) regulamenta a Educação Básica, incorporando as creches e a pré-escola como a primeira etapa da Educação Básica, sendo que a Educação Infantil constitui-se da creche e pré-escola e tem como objetivo o desenvolvimento integral da criança em seus aspectos físico, afetivo, intelectual, linguístico e social, complementando a ação da família e da comunidade. Sobre a Educação Infantil e suas peculiaridades marque a alternativa CORRETA:

a) As creches e pré-escolas são estabelecimentos públicos que cuidam de crianças de 0 a 6 anos por meio de profissionais com formação específica, habilitação para magistério, não sendo ações de caráter assistencialista, embora tenham a obrigação de assistir às necessidades básicas das crianças.

b) As creches e pré-escolas são estabelecimentos (públicos ou privados) que educam e cuidam de crianças de 0 a 6 anos por meio de profissionais sem formação específica, habilitação para magistério, não sendo ações de caráter assistencialista, embora tenham a obrigação de assistir às necessidades básicas das crianças.

c) As creches e pré-escolas são estabelecimentos privados que educam e cuidam de crianças de 0 a 6 anos por meio de profissionais com formação específica, habilitação para magistério, não sendo ações

de caráter assistencialista, embora tenha a obrigação de assistir às necessidades básicas das crianças.
d) As creches e pré-escolas são estabelecimentos (públicos ou privados) que educam e cuidam de crianças de 0 a 5 anos por meio de profissionais com formação específica, habilitação para magistério, não sendo ações de caráter assistencialista, embora tenham a obrigação de assistir às necessidades básicas das crianças.
e) As creches e pré-escolas são estabelecimentos públicos que educam e cuidam de crianças de 0 a 5 anos por meio de profissionais sem formação específica, habilitação para magistério, não sendo ações de caráter assistencialista, embora tenham a obrigação de assistir às necessidades básicas das crianças.

2. A Educação Infantil é oferecida em creches para crianças de até 3 anos e em pré-escolas para crianças de 4 e 5 anos e tem algumas questões de organização escolar e pedagógica peculiares. Marque a alternativa que está CORRETA com relação à organização da Educação Infantil a partir da Lei de Diretrizes e Bases da Educação Nacional (Lei nº 9394/96):
a) Avaliação mediante acompanhamento e registro do desenvolvimento das crianças, com o objetivo de promoção, mesmo para o acesso ao Ensino Fundamental.
b) Carga horária mínima anual de 800 (oitocentas) horas, distribuída por um mínimo de 150 dias de trabalho educacional.
c) Atendimento à criança de, no mínimo, 6 horas diárias para o turno parcial e de 8 horas para a jornada integral.
d) Controle de frequência pela instituição de educação pré-escolar, exigida a frequência mínima de 40% do total de horas.
e) Expedição de documentação que permita atestar os processos de desenvolvimento e aprendizagem da criança.

3. A Educação Infantil, assim como outros níveis de educação, possui princípios éticos, políticos e estéticos presentes nas diretrizes curriculares. Marque abaixo os princípios de acordo com a sua categorização:
ET - Princípios éticos
P - Princípios políticos
ES - Princípios estéticos
( ) Direitos de cidadania.
( ) Valorização da solidariedade.
( ) Respeito ao bem comum.
( ) Valorização da criatividade.
( ) Valorização da ludicidade.
Agora, marque a sequência CORRETA:
a) ET - P - P - ES - ES.
b) P - ET - ET - ES - ES.
c) P - ES - ET - P - ES.
d) ES - ET - P - ES - ES.
e) ES - P - P - ET - ES.

4. Na Constituição de 1988, no artigo 227, é declarado que "É dever da família, da sociedade e do Estado assegurar à criança e ao adolescente, com absoluta prioridade, o direito à vida, à saúde, à alimentação, à educação, ao lazer, à profissionalização, à cultura, à dignidade, ao respeito, à

liberdade e à convivência familiar e comunitária, além de colocá-los a salvo de toda forma de negligência, discriminação, exploração, violência, crueldade e opressão".
A partir deste postulado pode-se afirmar que:
a) A partir da Constituição de 1988, as crianças são inseridas no mundo dos direitos humanos e são definidos não apenas o direito fundamental da criança à provisão e à proteção, como também seus direitos fundamentais de participação na vida social e cultural, de serem respeitadas, porém ainda não têm garantida a liberdade para expressarem-se individualmente.
b) A partir da Constituição de 1988, entre outras regulamentações posteriores, a proposta pedagógica das instituições de Educação Infantil deve ter como objetivo principal promover o desenvolvimento integral das crianças de zero a seis anos de idade.
c) São direitos garantidos às crianças nas instituições de Educação Infantil: a aprendizagem de diferentes linguagens, assim como o direito à proteção, à saúde, à liberdade, ao respeito, à dignidade, à brincadeira, à convivência e interação com outras crianças.
d) As instituições de Educação Infantil devem assegurar a educação em sua integralidade, entendendo o cuidado como algo dissociável ao processo educativo.
e) A Constituição de 1988 prevê a implementação do Plano Nacional de Educação e, no ano de 2014, iniciou mais um decano do plano e, uma das metas deste é universalizar, até 2016, a Educação Infantil na pré-escola para as crianças de 0 (zero) a 5 (cinco) anos de idade.

5. A proposta pedagógica das instituições de Educação Infantil deve ter como objetivo principal promover o
I. desenvolvimento integral das crianças de zero a cinco anos de idade garantindo a cada uma delas o acesso a
II. processos de construção de conhecimentos e a aprendizagem de diferentes linguagens, assim como o direito à
III. proteção, à saúde, à liberdade, ao respeito, à dignidade, à brincadeira, à convivência e interação com outras
IV. crianças. (Revisão das Diretrizes Curriculares Nacionais para a Educação Infantil, 2013, p. 88)
A partir de tais direitos, algumas condições são prementes para a organização curricular, EXCETO:
a) As instituições de Educação Infantil devem assegurar a educação em sua integralidade, entendendo o cuidado como algo indissociável ao processo educativo.
b) O combate ao racismo e às discriminações de gênero, socioeconômicas, étnico-raciais e religiosas deve ser objeto de constante reflexão e intervenção no cotidiano da Educação Infantil.
c) As instituições precisam conhecer as culturas plurais

que constituem o espaço da creche e da pré-escola, a riqueza das contribuições familiares e da comunidade, suas crenças e manifestações.

d) O respeito à dignidade da criança como pessoa humana, quando pensado a partir das práticas cotidianas na instituição, requer que a instituição garanta a proteção da criança contra qualquer forma de violência — física ou simbólica — ou negligência.

e) O atendimento ao direito da criança à educação na sua integralidade requer o cumprimento do dever da família com a garantia de uma experiência educativa com qualidade a todas as crianças na Educação Infantil.

Referências

BRASIL. Constituição (1988). *Constituição da República Federativa do Brasil*. Brasília, DF: Senado, 1988.

BRASIL. *Lei nº 9.394, de 20 de dezembro de 1996*. Estabelece as diretrizes e bases da educação nacional. Brasília, DF, 1996. Disponível em: <http://www.planalto.gov.br/ccivil_03/leis/L9394.htm>. Acesso em: 27 set. 2017.

BRASIL. *Lei nº 12.796, de 4 de abril de 2013*. Altera a Lei no 9.394, de 20 de dezembro de 1996, que estabelece as diretrizes e bases da educação nacional, para dispor sobre a formação dos profissionais da educação e dar outras providências. Brasília, DF, 2013. Disponível em: <http://www.planalto.gov.br/ccivil_03/_ato2011-2014/2013/lei/l12796.htm>. Acesso em: 27 set. 2017.

BRASIL. Ministério da Educação e Cultura. *Resolução CNE/CEB 5/2009, de 17 de dezembro de 2009*. Fixa as Diretrizes Curriculares Nacionais para a Educação Infantil. Diário Oficial da União, Brasília, DF, seção 1, p. 18, 18 dez. 2009.

BRASIL. Ministério da Educação. *Resolução nº 5, de 17 de dezembro de 2009*. Fixa as Diretrizes Curriculares Nacionais para a Educação Infantil. Brasília, DF, 2009. Disponível em: <https://www.mprs.mp.br/media/areas/gapp/arquivos/resolucao_05_2009_cne.pdf>. Acesso em: 27 set. 2017.

BRASIL. Ministério de Educação e do Desporto. *Referencial curricular nacional para educação infantil*. Brasília, DF: MEC, 1998.

BRASIL. *Planejando a próxima década*: conhecendo as 20 metas do Plano Nacional da Educação. Brasília, DF: Ministério da Educação, 2014.

CARNEIRO, M. P. A. K. B. *Processo avaliativo na Educação Infantil*. 2010. 45 f. Monografia (Pós-graduação em Educação Infantil)- Escola Superior Aberta do Brasil, Vila Velha, ES, 2010.

GALVÃO, A. C. T.; BRASIL, I. Desafios do ensino na Educação Infantil: perspectiva de professores. *Arquivos Brasileiros de Psicologia*, Rio de Janeiro, v. 61, n. 1, p. 73-83, 2009.

HOFFMANN, J. *Avaliação e educação infantil*: um olhar sensível e reflexivo sobre a criança. Porto Alegre: Mediação, 2012.

OLIVEIRA, M. R. de. *Educação Infantil, fundamentos e métodos*. São Paulo: Cortez, 2007.

Gabaritos

Para ver as respostas de todos os exercícios deste livro, acesse o *link* abaixo ou utilize o código QR ao lado.

https://goo.gl/gZzCnGj